J. Löschner; U. Menzel · Künstliche Intelligenz

W0258021

Künstliche Intelligenz

Ein Handwörterbuch für Ingenieure

Dipl.-Ing. Jan Löschner
Dipl.-Ing. Uwe Menzel

Die Deutsche Bibliothek – CIP-Einheitsaufnahme

Löschner, Jan:
Künstliche Intelligenz: ein Handwörterbuch für Ingenieure /
Jan Löschner; Uwe Menzel. – Düsseldorf: VDI-Verl., 1993

NE: Menzel, Uwe:; HST

© VDI-Verlag GmbH, Düsseldorf 1993

Alle Rechte, auch das des auszugsweisen Nachdruckes, der auszugsweisen oder vollständigen photomechanischen Wiedergabe (Photokopie, Mikrokopie) und das der Übersetzung, vorbehalten.

Druck und Buchbinderei: Fuck, Koblenz

ISBN 978-3-540-62297-0   ISBN 978-3-642-87244-0 (eBook)
DOI 10.1007/978-3-642-87244-0

Geleitwort

Die Autoren des vorliegenden Buches haben es sich zum Ziel gesetzt, dem interessierten "Neuling" Hilfestellung bei der Einarbeitung in das Gebiet der Künstlichen Intelligenz zu geben. Dieses neue Teilgebiet der Informatik gewinnt zusehends an Bedeutung, auch und gerade im Bereich des Ingenieurwesens. Dies zeigt sich ganz deutlich insbesondere daran, daß im VDI-Gemeinschaftsausschuß "Bürokommunikation" eine Richtlinie über Expertensysteme im Gründruck fertiggestellt ist, eine Richtlinie über Wissensbanken in der Anwendung voraussichtlich noch in diesem Jahr als Gründruck vorgelegt wird. So ist dieses Buch - von Ingenieuren für Ingenieure geschrieben - auch sehr zu begrüßen.

Das Buch ist geprägt durch die Erfahrungen, die die Verfasser bei der Einarbeitung in das Gebiet erlebt haben. Die Mühen, die sie hatten, indem sie sich durch einen Wust an Literatur durchgearbeitet haben, wollen sie den Kollegen, die sich mit diesem Gebiet befassen wollen, ersparen. Die Auswahl der Autoren, die in dem Werk zu Wort kommen, ist zum Teil bedingt durch ihre Bedeutung im Wissenschaftsbereich Künstliche Intelligenz, zum Teil ist sie auch subjektiv geprägt durch die Beschäftigung der Verfasser mit den entsprechenden Literaturstellen.

Wir hoffen und wünschen den Autoren, daß dieses Werk die angesprochene Zielgruppe auch wirklich erreicht, damit möglichst viele Ingenieure auf möglichst einfache Weise sich in die Künstliche Intelligenz einarbeiten können.

Prof. Dr. W. Stucky

INSTITUT FÜR ANGEWANDTE INFORMATIK
UND FORMALE BESCHREIBUNGSVERFAHREN
DER UNIVERSITÄT KARLSRUHE (TH)   Karlsruhe, im Juli 1993

Vorwort

Das vorliegende Glossar ist ein Resultat und gleichzeitig wesentliches Hilfsmittel bei der Erarbeitung unserer Dissertationen. Es entstand in vier Jahren wissenschaftlicher Arbeit, angefangen als eigene Einarbeitungshilfe und fortgeführt als Literaturauswertung. Bei der wissenschaftlichen Arbeit auf dem Gebiet der "Künstlichen Intelligenz" und besonders bei der Erschließung spezieller Anwendungsbereiche, wie der Expertensysteme, der Wissenserhebung oder Wissensrepräsentation wurde deutlich, daß unscharfe Definitionen und verschwommen verwendete Begriffe eher Verständnisprobleme und hohen Zeitaufwand bei der inhaltlichen Durchdringung hervorrufen, als daß sie diese Durchdringung unterstützen. Dies ist im wesentlichen auf zwei Faktoren zurückzuführen:
- aus der Historie heraus fanden Begriffe aus Ursprungsfachgebieten der Künstlichen Intelligenz, wie beispielsweise der Datenbanktechnik Verwendung, nur wandelte sich damit auch teilweise ihr Inhalt, und
- die Künstliche Intelligenz ist ein junges Fachgebiet, und damit sind festgeschriebene, unter Fachleuten ausdiskutierte und anerkannte Definitionen nur selten existent.

Sowohl dem ersten, als auch dem zweiten dieser Punkte soll das vorliegende Buch Rechnung tragen. Dabei richtet es sich an Einsteiger in das betrachtete Fachgebiet, hilft diesem schnell das Verständnis gesuchter Inhalte zu erlangen und liefert weiterführende Literatur zur gesuchten Thematik mit. Für denjenigen, der das Gebiet der Künstlichen Intelligenz bereits betreten hat, liefert es einen Überblick über zur Zeit vorhandene Meinungen, gibt durch seine Querverweise Anregungen zur Arbeit und unterstützt die Literaturrecherche. Das Buch soll vorhandene Meinungen von KI'lern geschlossen darstellen und dabei den Aspekt der Dynamik verschiedener Begriffe berücksichtigen. Deshalb wurden bei der Auswahl der Literaturstellen folgende Kriterien schwerpunktmäßig berücksichtigt:
- Aussagekraft und Anerkanntheit des Verfassers,
- Grad der Mehrdeutigkeit bzw. Verwendung des Begriffes in der KI,
- Grad der Standardisierung der Definitionen,
- Verständlichkeit der Erläuterung.

Weiterhin haben wir uns bei der Auswahl das Ziel gesetzt, für das Gebiet der Künstlichen Intelligenz repräsentative Schlagwörter aufzunehmen, sind uns aber dessen bewußt, daß mit ca. 700 Stichwörtern aus ca. 170 Quellen keine Vollständigkeit erreicht ist und diese, wenn überhaupt, nur durch eine stetige Weiterbearbeitung erreicht werden kann. Wir sind daher für konstruktive Hinweise zum Buch offen.

Zum Gelingen des Buches haben eine Reihe von Personen direkt oder indirekt beigetragen. Unser Dank gilt besonders den Kollegen aus unserem Arbeitsumfeld und den Mitgliedern des VDI-Gemeinschaftsausschusses Bürokommunikation für ihre fachlichen Diskussionen und Hinweise, ohne die das Buch heute nicht in dieser Form vorliegen würde. Sehr herzlich bedanken wir uns auch bei Frau Glaser, unserer Lektorin im VDI-Verlag, die mit gestalterischen und organisatorischen Hinweisen stets Unterstützung gab. Unser Dank geht schließlich auch an Frau Menzel, die uns in Stunden persönlicher Freizeit bei den Schreibarbeiten wesentlich unterstützt hat.

Leipzig, im Mai 1993

Uwe Menzel
Jan Löschner

Benutzerhinweise

Die Schlagwörter sind in alphabetischer Reihenfolge im Buch aufgenommen. Es wurden, soweit es sinnvoll ist, die deutschen Bezeichnungen verwendet. Englische Übersetzungen und Synonyme zu den Schlagwörtern wurden in Klammern dem Text vorangestellt. Verweise im Text, gekennzeichnet durch einen Pfeil -->, dienen der detaillierten Erläuterung unter dem angegebenen Schlagwort. Die Literaturangabe erfolgt nach dem Text. Sie beinhaltet Verfasser und Erscheinungsjahr, unter dem auch die bibliographische Angabe im Literaturverzeichnis zu finden ist, sowie die Seitenangabe in der Quelle.

A* - Algorithmus
--> Algorithmus

Abduktion
(--> Diagnose, technische)
Das Zurückschließen von Symptomen auf Systemzustände bezeichnet man als Abduktion, da im Gegensatz zur --> Deduktion keine zwingend logische Schlußweise vorliegt, denn eine Wirkung kann bekanntlich mehrere Ursachen haben.
Mertens, Borkowski, Geis 90, S. 14

Das für die --> Diagnostik typische Zurückschließen von Beobachtungen auf Systemzustände bzw. Objekte, die die Beobachtungen hervorrufen, ist eine Form der Abduktion; wenn eine --> Diagnose D das System S verursacht, und S wird beobachtet, dann ist D eine mögliche Erklärung für S.
Die Abduktion ist natürlich keine logisch zwingende Schlußweise wie die --> Deduktion, da eine Beobachtung viele Ursachen haben kann. Die dadurch bedingte Unsicherheit in der Diagnosebewertung läßt sich durch Auswertung zusätzlicher Daten reduzieren.
Puppe 91, S. 75

Die Problemkreise einer rein deduktiven Inferenzkomponete belegen, daß bei der Verwendung eines Expertensystems auch der Anwender gefordert ist. Letztlich obliegt es seiner Entscheidung, ob er z.B. das abgeleitete Faktum G akzeptiert und somit überhaupt einer Schlußfolgerung in Richtung --> Diagnose Y zustimmt.
Diese Zustimmung kann als Ausdeutung der Regel in der Schreibweise
    IF C & D THEN **möglicherweise** G
verstanden werden. Diese Ableitung entspricht nicht der zweiwertigen Logik (--> Deduktion), sie wird als Abduktion (Quasi-Deduktion) bezeichnet.
Gabriel 92, S. 60

Abfrage
--> Query

Ablaufplan
--> Schedule

Ablaufsteuerung
Die von der Inferenzmaschine verwendete Methode, mit der festgelegt wird, in welcher Reihenfolge die Schlußfolgerungen gezogen werden. Beispiele für Steuerungsmethoden sind --> Rückwärts- und --> Vorwärtsverkettung.
Behrendt 90b, S. 381

Ableitung
--> Inferenz; --> Deduktion

Ableitungsstrategie
--> Kontrollstrategie

Ableitungswissen
--> Wissen

absolute Regel
--> Regel

Abstrahieren
Unter Abstrahieren versteht man ... das Abgehen vom Konkreten, das Herausheben des Wesentlichen aus dem Zufälligen, das Erkennen gleicher Merkmale.
Bei der Software-Entwicklung findet ein ständiges Wechselspiel zwischen "abstrahieren" und "konkretisieren" statt. *Balzert 92, S. 27*

abstrakter Datentyp
--> Datentyp

Abstraktion
Unter Abstraktion versteht man Verallgemeinerung, das Absehen vom Besonderen, Einzelnen.
Abstraktion ist das Gegenteil von Konkretisieren. *Balzert 92, S. 27*

Agenda
Eine Arbeitsvorschrift für die zu bearbeitenden Aufgaben, Inferenzschritte oder Alternativen eines --> Expertensystems. *Schnupp, Leibrandt 88, S. 127*

Aggregation
(aggregation; allgemeines Abstraktionskonzept, --> Frames; invers zu Dekomposition; Begriff aus der Objektorientierung)
Aggregation ist die Behandlung einer Beziehung zwischen mehreren --> Objekten als eigenes Objekt höherer Stufe. Jedes Objekt wird in einer Datenbank durch eine Kombination von Attributwerten beschrieben. Faßt man die Attributwerte selbst als Objekte (niedrigster Stufe) auf, so handelt es sich hier um Aggregation zum beschriebenen Objekt. *Vinek, Rennert, Tjoa 82, S. 201*

Durch die Aggregation werden alle sog. Komponentenobjekte zu einem neuen --> Objekt, dem Aggregat, zusammengesetzt. Die --> Beziehung zwischen den Komponenten- und dem Aggregatobjekt heißt hier "Consists-of" (manchmal auch "Part-of"-Beziehung genannt). Die wiederholte Verwendung der Aggregation führt zu der sogenannten Aggregationshierarchie.   *Mitschang 88, S. 57*

Eine Sammlung verschiedener Konzepte wird als einheitliches Konzept betrachtet.
Breutmann, Burkhardt 92, S. 61

Aktion

Eine Aktion ist aus der Sicht der --> Datenbank die kleinste ausführbare Einheit, deren korrekte Ausführung dem Betriebssystem obliegt. Deshalb sind Aktionen aus der Sicht des --> Datenbanksystems atomar. Eine Aktion ist zum Beispiel der Zugriff auf die Datenbank in einer zum Datenbanksystem gehörenden --> Sprache.
Dadam 80, S. 9

aktives Objekt
--> Objekt

Aktor

(actor; Bestandteil des objektorientierten Verarbeitungsmodells; beruht auf dem HEWITTschen Actor-System)
Aktor könne als "aktiver Akteur" verstanden werden, der nach einem Drehbuch handeln müsse. Alle Vorgänge im System werden definiert mittels der Grundhaltung: senden von Nachrichten an Aktoren.   *Stoyan 91b, S. 220*

Aktor Modell
--> Modell

Algorithmus

Ein Algorithmus ist ein System von --> Regeln zur Lösung einer --> Klasse von Aufgaben in endlich vielen Schritten.   *Lindner, Trautloft 87, S. 69*

Unter Algorithmus versteht man ein durch einen endlichen Text beschriebenes Verfahren, das Schritt für Schritt vorgibt, wie aus gegebenen Eingangsgrößen eines bestimmten Bereiches die zugehörigen Ausgangsgrößen gebildet werden. Zwei wichtige Eigenschaften sind: Determiniertheit, Universalität.
Lunze, Schwarz 90, S.121

Eine explizite, aus endlich vielen Elementen bestehende Anweisungskette, die in jedem Fall die Lösung des jeweiligen Problems erbringt, wenn auch nicht unbedingt auf dem besten oder schnellsten Lösungsweg. Die meisten gängigen Programmierwerkzeuge sind für die Entwicklung von Anwendungen konzipiert, die mit expliziten Anweisungen arbeiten. Hierbei wird jedoch grundsätzlich davon ausgegangen, daß der Lösungsweg im voraus bestimmt werden kann.
Behrendt 90b, S. 383

Ein Algorithmus ist eine fest definierte Folge von Arbeitsschritten/Aktionen. Er liegt vor, wenn gegebene Eingangsgrößen auf Grund eines --> Systems von vorgegebenen Transformationsregeln eindeutig in Ausgabegrößen umgesetzt werden können. Als Voraussetzungen hierfür gelten:
- das System der zu bearbeitenden Größen ist vorgegeben,
- das System der zulässigen Operatoren ist vorgegeben,
- die Sprache zur Formulierung der Regeln ist vorgegeben,
- das Umsetzen geschieht in Form fest definierter Arbeitsschritte,
- die Beschreibung ist vollständig und endlich.
Als Formulierungsmittel dienen hierzu vor allem algorithmische oder prozedurale --> Sprachen (--> Prozeduren).   *Ludwig, Kurz 91, S. 362*

Algorithmus, A* -

Der A* - Algorithmus (ausgesprochen "A Stern") ist eine heuristische Suchmethode auf Graphen mit realen Abständen. Der A* - Algorithmus öffnet die Knoten in einer Reihenfolge, die solchen Knoten höchste Priorität zuspricht, die mit großer Wahrscheinlichkeit auf dem kürzesten Pfad vom Startknoten zum Ziel liegen.   *Tanimoto 90, S. 197*

Alphabet

Ein linear geordneter Zeichenvorrat.
Anmerkung: Die Definition enthält als Sonderfall das aus Buchstaben bestehende Alphabet einer natürlichen --> Sprache.   *Loeper, Jäckel, Otter 87, S. 16*

Ein (abstraktes) Alphabet ist eine nicht leere, endliche Menge $\underline{A}$ von Zeichen $\underline{a} \in A$.   *DIN 44300, Teil 2, S. 3*

Ein Alphabet ist eine endliche Menge von --> Symbolen. So definiert die Menge $\{0,1\}$ ein Alphabet.   *Tanimoto 90, S. 381*

Analyse, epistemologische

Grundsätzliche wissenschaftlich/erkenntnistheoretische Untersuchung einer Problemstellung ohne Berücksichtigung z.B. implementierungstechnischer Einschränkungen. Analyse der Art des --> Wissens im --> System (z.B. Objekt- und Relationstypen).   *Ludwig, Kurz 91, S. 376*

Analyse, Inhalts-

(Technik der --> Wissensakquisition)
Die Inhaltsanalyse ist ein nonreaktives Verfahren. Sie umfaßt die Systematisierung eines alltäglichen Vorgehens, nämlich der Auswertung von schriftlichen Ablagen des Wissensgebietes wie z.B. Handbüchern, technischer Beschreibungen, Vorschrif-

ten etc. Die systematische Inhaltsanalyse ist eine --> Methode, um Aussagen zu gewinnen, indem man systematisch und objektiv zuvor festgelegte Merkmale von Inhalten erfaßt.   *Schirmer 88, S. 221*

Analyse, objektorientierte

Man spricht von objektorientierter Analyse, wenn die Anforderungsdefinition so vorgenommen wird, daß bereits im Problembereich auf --> Objekte und --> Klassen Bezug genommen wird. Die Analysephase soll bekanntlich die Frage beantworten, was zu tun ist. Wie auch immer diese Entwicklung weitergehen wird, das verfolgte Anliegen ist eine --> Methode zu finden, die **ohne Strukturbruch** von Analyse über Entwurf zur Implementierung führt.   *Endres, Uhl 92, S. 259*

Analyse, Protokoll-

Die automatische Protokollanalyse als Verfahren zur --> Wissensakquisition für --> wissensbasierte Systeme wird seit einiger Zeit als adäquate --> Methode propagiert. Ziel der Protokollanalyse ist sowohl eine strukturierte Beschreibung des Problembereiches als auch eine qualitative Simulation der Übergänge zwischen Wissenszuständen während des Problemlösungsprozesses.   *Diederich 88, S. 221*

Analyse, Sekundär-

(Technik der --> Wissensakquisition)
Die Sekundäranalyse ist eine --> Methode, bereits vorhandenes Datenmaterial unabhängig von dem ursprünglichen Zweck und Bezugsrahmen der Datensammlung statistisch oder mit Hilfe induktiver Tools auszuwerten (Reparaturprotokolle, Meßdaten, Patientendateien...).   *Schirmer 88, S. 71*

Analyse, Text-

Die Textanalyse gilt als --> Wissensakquisitionsmethode. Dazu zählt das Studium von Handbüchern und Dokumenten.   *Diederich 88, S. 221*

Anlage, technische

Die Gesamtheit der technischen Einichtungen zur Durchführung von technischen Prozessen.   *DIN 66201, Teil 2, S. 1*

Anwendungsmodell

--> Modell

Anwendungsprogramm

--> Programm

Anwendungssoftware
--> Software

Anwendungssystem
--> System

Applikation
Eine Applikation ist eine Zusammenfassung von Programmen (Software), die als
Gesamtheit auf einem Rechner implementiert ist oder implementiert werden soll.
Eine Applikation kann zugekaufte Standartanwendungs-Software oder Eigenent-
wicklung sein. Applikationen unterstützen Geschäftsfunktionen. Applikationen grei-
fen auf logische Datenbanken zu.   *Österle, Brenner, Hilbers 92, S. 373*

Architektur, Blackboard-
(blackboard architecture)
Ein Expertensystem-Entwurf, bei dem mehrere unabhängige Wissensbanken einen
gemeinsamen Arbeitsspeicher abfragen, der als Blackboard ("Tafel", "schwarzes
Brett") bezeichnet wird. Ein auf einer Aktionsliste basieren des Steuersystem überprüft ständig alle möglichen unerledigten Aktionen und wählt die als nächste auszuführende Aktion. Beispiel: --> HEARSAY_Architektur.

Bullinger, Fähnrich 88, S. 178

Ein Expertensystem-Entwurf, bei dem mehrere unabhängige Wissensbanken einen
gemeinsamen Arbeitsspeicher abfragen, der als Blackboard bezeichnet wird. Ein auf
einer Aktionsliste basierendes Steuerungssystem überprüft ständig alle möglichen
unerledigten Aktionen und wählt die als nächste auszuführende Aktion. Sie dient
also zur Kombination unterschiedlicher Wissensquellen (z.B. beim Verstehen ge-
sprochener Sprache: Phonetik, Grammatik und Diskurswissen über den Inhalt des
Gesprächs), wobei diese über die Wandtafel kommunizieren.

Ludwig, Kurz 91, S. 367

Architektur, Drei-Schema-
Architektur eines Datenbanksystems, die die Abbildung eines --> konzeptionellen
--> internen und --> externen Schemas erlaubt bzw. unterstützt.

Spur 92, S. 205

Architektur, "Shared disk"-
Durch Replizierung einer kompletten Prozessor-/Hauptspeichereinheit ist der Bereich der --> verteilten Systeme erreicht. Charakteristisch für diese Systemklasse ist,
daß alle Rechnereinheiten auf den gleichen Externspeicherpool zu greifen.

Jablonski 90, S. 34

Architektur, "Shared memory"-

Durch Replikation der konstitutiven Elemente eines Rechners, Prozessors, Hauptspeicher und Externspeicher erhält man die verschiedenen Architekturen eines Mehrprozessorsystems. Repliziert man nur die Prozessoreinheit unter Beibehaltung eines einzigen Haupt- und Externspeichers, resultiert daraus ein System mit naher Rechnerkopplung. Diese Systemklasse wird in der Literatur meist mit Shared memory (SM) bezeichnet.   *Jablonski 90, S. 33*

Architektur, "Shared nothing"-

Bei der Mehrfachverwendung ganzer Rechnerblöcke (Prozessor, Hauptspeicher und Externspeicher) behält man die Shared nothing-Architektur. Kennzeichen dieser Systemklasse ist, daß jeder Prozessor einen privaten Haupt- und Externspeicher zugeordnet bekommt.   *Jablonski 90, S. 34*

Architektur, Tafel-

Ein Expertensystem-Design, bei dem ein einziger Arbeitsspeicher oder eine Datenbank, die sogenannte Tafel, durch irgend eines von zahlreichen zusammenarbeitenden Experten-Unternehmen angesprochen wird. Normalerweise ist die Tafel ausgelegt, um Hypothesen auf verschiedenen Abstraktionsebenen zu behandeln oder Aktivitäten des Untersystems zu überdenken.   *Schoen, Sykes 90, S. 283*

Assoziation

(association; allgemeines Abstraktionskonzept; --> Frames; Begriff aus der Objektorientierung)
Durch die Assoziation wird eine Menge von --> Objekten potentiell verschiedener Typen über die Beziehung "Member-of" (manchmal auch als "Element-of" bezeichnet) zu einem semantisch höheren Objekt, dem sogenannten Mengenobjekt, vereinigt. Es werden nur die mengendefinierenden Eigenschaften beschrieben und alle Details der "Member"-Objekte unterdrückt. Die wiederholte Anwendung dieses Abstraktionskonzeptes läßt eine Assoziationshierarchie entstehen.
Mitschang 88, S. 57

Eine Assoziation (EM1, EM2) legt fest, wieviele Entitäten aus EM2 einer --> Entität aus EM1 zugeordnet sein können.   *Zehnder 89, S. 44*

--> Klassen, die miteinander in Beziehung stehen, werden zu einer Beziehungsklasse gruppiert. Die Details werden unterdrückt und Merkmale der Beziehungsklasse werden dargestellt.
Assoziationen legen eine "ist-Element-von"-Beziehung zwischen der Beziehungsklasse und der an der Beziehung beteiligten Klassen fest.
Breutmann, Burkhardt 92, S. 62

Assoziationsmodell
--> Modell

assoziative Beziehung
--> Beziehung

Associative Programming Language (APL)
APL ist eine Spracherweiterung der Programmiersprache PL1 von General Motors Reseach. Sie umfaßt 6 Datenmanipulationsbefehle (create, insert, find, for each, remove, delete).
Eberlein 84, S. 123

assoziatives Netzwerk
--> Netzwerk

Assumption-based TMS (ATMS)
--> System, Truth Maintenance

ATN
(augmented transition network)
Ein von Woods entwickelter, weit verbreiteter Formalismus für das Parsing natürlichsprachlicher Eingaben. Das ATN ist im Prinzip ein Graph, in dem abhängig von Wortkategorien und sonstigen Eigenschaften Kanten durchlaufen werden. Zur Aufnahme temporärer Strukturen werden dabei globale Register verwendet. Subnetzwerke können rekursiv aufgerufen werden. Wenn bei Satzende ein Endknoten erreicht wird, ist der Satz akzeptiert und gleichzeitig (durch die Aktionen) ist ein Strukturbaum des Satzes erzeugt worden. Der grundsätzliche Formalismus wurde verschiedentlich modifiziert und erweitert (semantische ATN).
Schnupp, Leibrandt 88, S. 127

Attribut
Ein Attribut ist einerseits die Beschreibung einer bestimmten Eigenschaft der --> Entität einer Entitätsmenge. Andererseits definiert das Attribut (implizit) auch die Rolle, die der zugehörige Wertebereich in der Entitätsmengenbeschreibung spielt.
Zehnder 89, S. 46

Eine Eigenschaft des --> Objektes. Zum Beispiel ist die Kreditwürdigkeit ein Attribut eines potentiellen Kreditnehmers. Attribute sind mit Werten in speziellen Fällen verknüpft.
Behrendt 90b, S. 383

aufgabenabhängige Software
--> Software

aufgabenunabhängige Software
--> Software

Aussagenlogik
--> Logik

Aussagentypen einer Regel
--> Regel

Automat, abstrakter
Ein abstrakter Automat ist eine mathematische Methode zur Darstellung definierten Systemverhaltens. Er ist ein mathematisches Objekt, welches das Verhalten eines Systems als Menge von
- Signalen (Eingangssignale U -> Interne Signale X -> Ausgangssignale Z) sowie von
- Funktionen (f zur internen Überführung von Zuständen und g zur Generierung externer Signale) modelliert. Dabei ist die Abbildung der Eingangssignale U auf die Ausgangssignale Z eindeutig und wiederholbar. Zur Beschreibung des abstrakten Automaten werden mathematische Gleichungen oder Zustandsdiagramme verwendet. Die Theorie der abstrakten Automaten hat durch die Möglichkeit an Bedeutung gewonnen, beliebige Automaten auf einem Computer zu realisieren. Dabei kann ein Computer selbst als Automat bzw. als algorithmische --> Sprache definiert werden. *Ludwig, Kurz 91, S. 359*

Aufgabenlösungsprozeß
--> Prozeß

Automatisierungssystem
--> System

Axiomensystem
--> System

Backtracking
(backtracking; zurückverfolgen)
Rückgang zu einem vorgehenden Entscheidungsknoten, wenn ein Lösungsweg sich als falsch erwies, und Wahl eines alternativen Lösungsweges. *Savory 85, S. 30*

Der Vorgang, eine Schlußfolgerungskette rückgängig zu machen, um einen anderen Suchpfad einzuschlagen. Planungsprobleme sind ein typisches Anwendungsgebiet für Backtracking-Strategien, die es ermöglichen, verschiedene Lösungswege nacheinander auszuprobieren, bis sich ein Ergebnis als brauchbar herausstellt.
Bullinger, Fähnrich 88, S. 178; Behrendt 90b, S. 383

Verfahren für Suchprozesse, das sicherstellt, daß Sackgassen wieder verlassen und alternative Wege beschritten werden können. *edv a 1/1990, S. 8*

Backup
Die Anfertigung von Sicherheitskopien, die regelmäßig vorgenommen werden muß, damit auch die Änderungen an den Daten mit gesichert werden, wird als "Backup" bezeichnet. *Gillenson 90, S. 103*

Backus-Naur-Form
(BNF)
Die Backus-Naur-Form dient zur Darstellung der Erzeugungsregeln --> kontextfreier Grammatiken, wobei die Definition der Menge der terminalen und nichtterminalen Elemente einer --> Grammatik direkt in der Definition der Menge der Erzeugungsregeln dieser Grammatik enthalten ist.
Riedewald, Maluszynski, Dembinski 83, S. 16

In der Backus-Naur-Form-Notation werden die --> Regeln auch --> Backus-Naur-Regeln oder Meta Regeln genannt. *Lindner, Trautloft 87, S. 99*

Die Backus-Naur-Form wurde im Zusammenhang mit der Veröffentlichung der Sprache ALGOL 60 bekannt. *Lindner, Trautloft 91, S. 188*

Backus-Naur-Regel
--> Regel

Backward Chaining
--> Rückwärtsverkettung

Baukastenbauweise
(entsprechend der Konstruktionslehre)
Unter Baukastenbauweise oder Baukastensystem versteht man die Möglichkeit, technische Produkte in einen oder relativ wenige standardisierte Bausteine mit bestimmten Funktionen zu gliedern, so daß mit diesen der Bau einer begrenzten oder

beliebigen Zahl verschiedener technischer Dinge eines Produktionsbereiches möglich ist. Bausteine können sein: Bauteile, Baugruppen oder umfangreichere Systeme
wie Maschinen. Baukastensysteme können reine Bauteile-, Maschinenelemente-
oder Baugruppensysteme sein, oder es können auch sogenannte "Mischsysteme"
vorkommen, in welchen Bausteine jeder der genannten Hierarchieebenen enthalten
sind. Wesentliche Merkmale der Bausteine eines Baukastensystems sind deren standardisierte Schnittstellen (auch Anschluß- oder Paßstellen genannt), um mit gleichen
oder anderen Bausteinen in Verbindung treten zu können. Den gleichen Bausteintyp
in einem mittels Baukastensystem erstellten Produkt mehrmals anzuwenden und die
Stelle eines Bausteines in einem System wahlweise durch andere Bausteine zu ersetzen, sind weitere wesentliche Kennzeichen eines Baukastensystems.
Koller 85, S. 114

Bayes Theorem

Das Theorem von Bayes eignet sich dazu, aus den apriori-Wahrscheinlichkeiten
$P(D_i)$ einer Menge von Diagnosen und aus den bedingten Wahrscheinlichkeiten
$P(S_j/D_i)$, d.h. der Häufigkeit des Auftretens eines Symptoms bei Vorhandensein
einer Diagnose, die wahrscheinlichste Diagnose unter der Annahme der Symptome
$S_1 \dots S_m$ gemäß einer Formel zu berechnen.
Puppe 91, S. 44

Begriff

Ein Begriff ist entweder primär ein komplexes geistiges Abbild einer bestimmten
Gegebenheit der objektiven Realität, oder er ist sekundär ein geistiges Gebilde, das
durch abstrahierende Denktätigkeit aus solchen primären Abbildern entstanden ist.
Er besteht im allgemeinen aus mehreren Komponenten:
- einem Wort, das den Begriff auch nach außen in der natürlichen Sprache vertritt
- einer Menge von Beziehungen zu anderen Begriffen
- einem komplexen Muster perzeptuellen (meist visuellen) Ursprungs.
Helbig 91, S. 73

Begründungsverwaltung

Ein Reason- oder --> Truth-Maintenance-System (TMS) verwaltet die von einem
KI-System jeweils als gültig betrachteten Überzeugungen und zugehörige Begrün-
dungen, unter denen diese aufrechterhalten werden können. Ein TMS-basiertes
System muß nur einmal den für die Herleitung bestimmter Schlüssel aus einer
Menge von Annahmen notwendigen Berechnungsaufwand betreiben und kann spä-
ter durch einfache Zugriffsfunktionen feststellen, ob ein Schluß immer noch bzw.
wieder gültig ist.
Reinfrank 89, S. 20

Behaviorismus

Psychologische Position, die im Gegensatz zum Mentalismus das Postulieren einer
mentalen Ebene als wissenschaftlich nicht sinnvoll ansieht und sich auf die Untersuchung beobachtbarer Reiz-Reaktions-Schemata beschränkt.

Ludwig, Kurz 91, S. 365

behavioristische Modellierung

--> Modellierung

Beliefs

Beliefs finden im Zusammenhang mit Benutzer(gruppe)n Anwendung, da sich so
Sichtweisen festlegen lassen.
Belief = Meinungen + Überzeugungen + Glauben.   *Hennings, Munter 85, S. 70*

Belief-Revision System

--> Truth-Maintenance-System

Benutzerfreundlichkeit

(Softwarequalitätseigenschaft)
Benutzerfreundlichkeit ist die Leichtigkeit, mit der die Benutzung von --> Software-
systemen, ihre Bedienung, das Bereitstellen von Eingabedaten, die Auswertung der
Ergebnisse und das Wiederauffinden nach Benutzungsfehlern erlernt werden kann.

Meyer 90, S. 6

Beratungssystem

--> System

Beschreibung

Beschreiben ist Formalisieren (darstellen von Inhalten durch definierte Formen) und
Präzisieren (Auswahl des gewünschten aus der Menge möglicher Inhalte).

Sösemann 89, S. 184

Beschreibung, heuristische

Eine Beschreibung von Zusammenhängen anhand ihrer Wirkungen. Heuristische
Beschreibungen sind Beschreibungen der Wirklichkeit, die es dem Menschen
ermöglichen, mit Situationen umzugehen, die vom mathematischen Standpunkt aus
für eine geschlossene Lösung zu kompliziert sind oder für die noch keine geschlossene Lösung bekannt ist.
In Analogie hierzu werden heuristische Beschreibungen bei --> wissensbasierten
Systemen eingesetzt, um komplexe bzw. nicht bekannte analytische --> Modelle zu

substituieren oder zu ergänzen. Im Rahmen der --> Wissensakquisition werden heuristische Beschreibungen im formalen, syntaktischen Rahmen der gewählten --> Wissensrepräsentation dargestellt.   *Ludwig, Kurz 91, S. 366*

betriebliches Informationssystem
--> Informationssystem

Bewertung
Der formale --> Prozeß, ein Computerprogramm zu testen, um sicherzustellen, daß die Erfordernisse des Designs erfüllt, die für die Entwicklung vorgegeben waren. Normalerweise wird dieser Prozeß mit Testfällen oder vorbestimmten Verfahren durchgeführt.   *Schoen, Sykes 90, S. 273*

Beziehung
Eine Beziehung assoziiert wechselseitig zwei oder mehr --> Entitäten.
Vetter 89, S. 29

Eine Beziehung besteht zwischen den Daten und gibt kausale oder empirische Zusammenhänge an, die zwischen Daten oder Informationen gelten.
VDI-Richtlinie 5007

Beziehung, assoziative
Assoziative Beziehungen sind Verbindungen, die man sich formal als zweistellige Relationen vorstellen kann.   *Reimer 91, S. 79*

Bildverarbeitung
(Anwendungsgebiet der KI)
Ziel ist es mit Hilfe von Computern die inhaltliche Auswertung von Bildern durchführen zu können, d. h. Objekte auf (stehenden oder bewegten) Bildern automatisch zu erkennen. Es existieren bereits industriell eingesetzte Verfahren, mit denen Werkstücke erkannt und optische Qualitätsprüfungen durchgeführt werden.
Behrendt 90a, S. 11

Blackboard
Das Blackboard gilt als eine globale uniforme Datenstruktur, welche einerseits Eingangsdaten, andererseits aus den Daten abgeleitete Hypothesen zur Lösung des gegebenen Problems enthält.   *Ludwig, Kurz 91, S. 367*

Blackboard-, Architektur
--> Architektur

Blackboard-, System
--> System

Bottom up
--> Bottom-Up-Parser

Bottom-Up-Parser
Ein Bottom-Up-Parser fängt mit der Eingabesymbolfolge an und versucht, durch
Herleitung der Produktionen das Startsymbol der Grammatik "rückwärts" zu errei-
chen. (--> Top-Down-Syntaxanalyse; Bottom-Up-Syntaxanalyse).
Tanimoto 90, S. 384

Brainstorming
(Methode des Wissenserwerbs)
Brainstoming bezeichnet einen Prozeß der Ideenfindung bzw. Problemerfassung in
Gruppen. In einer Gesprächsrunde sollen möglichst viele Ideen, Vorschläge, Pro-
blemerkennungen "gehört" werden.
Schirmer 88, S. 70

Zuruf von Ideen zur Lösung eines bestimmten Problems. Ziel: Produktion von möglichst vielen Ideen.
Litke 91, S. 220

Breitensuche
(breath-first-search)
Breitensuche hält unter allen Knoten auf einer bestimmten Ebene Ausschau nach
dem Zielknoten, ehe zum weiteren Vordringen die Nachfolger dieser Knoten verwendet werden.
Winston 87, S. 113

Eine eher konservative Art der Suche durch einen Graphen besteht darin, ausgehend
vom Startknoten zunächst alle Wege der Länge 1, danach alle der Länge 2, dann der
Länge 3 usw. untersuchen, bis entweder der Zielknoten gefunden oder der längste
mögliche azyklische Wert zurückgelegt worden ist. In der Praxis müssen wir, wenn
wir entlang Pfaden der Länge K suchen, nicht die ersten K-1-Knoten nochmals
untersuchen. Wir müssen lediglich, indem wir von den in der K-1-ten Iteration neu
erreichten Knoten ausgehen, jeweils einen Schritt in jede mögliche Richtung tun.
Tanimoto 90, S. 187

Chunk
--> Informationseinheit

CODASYL
(Conference on Data System Lanquage)

Das CODASYL-Komitee vereinigt die wichtigsten amerikanischen Computer-Anwender (wozu auch die Hersteller gehören!) und steht verschiedenen Normierungsentwicklungen zu gevatter, wovon die COBOL-Sprache die wichtigste ist.

Für den Datenbankbereich hat die Data Base Task Group (DBTG) des CODASYL-Komitees 1971 einen Entwurf für eine Modellsprache ausgearbeitet und 1978 überarbeitet, der auf dem Netzwerkmodell beruht.   *Zehnder 89, S. 102*

Coddsches Relationenmodell (CRM)

--> Relationenmodell

Common Lisp

--> Lisp

Computer-Aided-Instruktion (CAI)

CAI bezieht sich auf den konventionellen Einsatz von Computern zu Lehrzwecken.
Harmon, King 89, S. 289

Computer Aided Knowledge Engineer (CAKE)

--> Knowledge Engineering unter Einsatz computergestützter Hilfsmittel (CAKE-Tools) zur Unterstützung der verschiedenen Aufgaben des Knowledge Engineers.
Ludwig, Kurz 91, S. 369

Computer Aided Software Engineering (CASE)

--> Software Engineering unter Einsatz computergestützter Hilfsmittel (CASE-Tools). CASE-Tools sind vielfach in CASE-Workbenches integriert.
CASE-Workbenches stützen sich meist auf bekannte Methoden und Techniken der Softwareentwicklung und unterstützen ihre Durchführung. Der Einsatz dieser CASE-Workbenches auch für das --> Knowledge Engineering erweist sich als umso sinnvoller, je größer der voraussichtlich konventionelle Teil der Expertensysteme ist. Insbesondere für die Problemanalyse und für den Systementwurf können CASE-Workbenches sinnvoll eingesetzt werden. Sie unterstützen jedoch nicht die wichtige Aufgabe des Wissenserwerbs und sind auch nicht auf die in Knowledge Engineering verbreiteten Programmiermethoden zugeschnitten.   *Ludwig, Kurz 91, S. 369*

Computer Integrated Manufacture (CIM)

(Definition des Arbeitskreises für wirtschaftliche Fertigung im VDI)
CIM beschreibt den integrierten EDV-Einsatz in allen mit der Produktion zusammenhängenden Betriebsbereichen. CIM umfaßt das informationstechnische Zusammenwirken zwischen CAD, CAP, CAM, CAQ und PPS (Computer Aided

Design, Planing, Manufacturing, Quality und Produktionsplanung und -steuerung). Hierbei soll die Integration der technischen und organisatorischen Funktionen zur Produkterstellung erreicht werden. Das bedingt die gemeinsame, bereichs-übergreifende Nutzung der Datenbasis. *Pieroth 90, S. 332*

Constraints

Constraints dienen zur --> Repräsentation von --> Relationen, d.h. von irgend-welchen Beziehungen zwischen Variablen. Constraints eignen sich besonders zur Darstellung von lokalen Randbedingungen, die die Problemlösung in jedem Fall er-füllen muß, ohne daß damit eine konkrete Problemlösung festgelegt wird. Während Constraints ungerichtete Zusammenhänge zwischen Variablen ausdrücken, die nach jeder Variable hin aufgelöst werden können (z.B. $U = R * I$), repräsentieren --> Regeln dagegen gerichtete Zusammenhänge. Constraints eignen sich deswegen vor-züglich zur quantitativen oder qualitativen Modellierung von Systemen und phy-sikalischen Zusammenhängen. *Puppe 88, S. 37*

Ein Constraint besteht aus einer Menge von Variablen und einer --> Relation auf diesen Variablen. Durch die Benutzung gemeinsamer Variablen zwischen unterschiedlichen Constraint können --> Constraint-Netze gebildet werden. Gibt man Werte oder Mengen von möglichen Werten für einen Teil der Variablen vor, so kann ein Constraint-Netz benutzt werden, um
- Werte für die nicht bekannten Variablen zu berechnen,
- Konsistenz zwischen den Werten zu überprüfen und
- Mengen von möglichen Werten zu filtern, d.h. inkonsistente Werte zu entfernen. *Christaller, DiPrimio, Voss 89, S. 173*

Mit Constraints können beliebige Relationen zwischen Variablen (Randbedin-gungen, die von der Lösung eingehalten werden müssen) repräsentiert werden. Im Unterschied zu --> Regeln sind Constraints ungerichtet, d.h. wenn in dem Constraint zwei beliebige Variablen bekannt sind, kann die dritte Variable bestimmt werden. Viele Probleme lassen sich natürlich als ein --> Constraint-Netz beschreiben, d.h. als eine Menge von Constraints, die durch gemeinsame Variablen verbunden sind. Ein Constraint-Problem ist dann eine Anfangsbelegung einiger Variablen eines Con-straint-Netzes, und seine Lösung besteht darin, möglichst eindeutige Werte für die übrigen Variablen zu finden (z.B. elektrische Schaltkreise). *Puppe 89, S. 175*

Constraints dienen zur expliziten --> Repräsentation von Abhängigkeiten zwischen --> Objekten bzw. Eigenschaften von Objekten. Durch sie wird der Wertebereich der beteiligten Objekte bzw. Eigenschaften eingeschränkt.
Sie unterscheiden sich von den --> Regeln dadurch, daß keine Ableitungsrichtung vorgegeben ist.

Ein Constraint-Modell besteht aus mehreren Constraints, bei denen ein Objekt in
verschiedenen Constraints enthalten ist. Dadurch beeinflussen sich die Constraints
gegenseitig.
Die Erfüllung Constraints (Constraint satisfaction) ist die Bestimmung einer Menge
von Wertetupeln, die alle Einschränkungen eines Constraint-Modells erfüllen.
Ludwig, Kurz 91, S. 370

Eine wechselseitige Beziehung mehrerer Terme, die sich untereinander gleichzeitig
Bedingung und Konsequenz sind, heißt in der Wissensrepräsentationstechnik
'Constraint'.
Hein 92, S. 40

Constraint, extentionales
Bei den extentionalen Constraints werden alle Tupel, die den Constraint erfüllen,
explizit aufgeführt (z.B. Ampelfarbe = (rot, gelb, grün)).   *Ludwig, Kurz 91, S. 370*

Constraint, konstruktives
Das konstruktive Constraint ermöglicht die Berechnung der Wertemenge für ein -->
Objekt in Abhängigkeit von den Wertemengen anderer Objekte (z.B. Ohmsches Ge-
setz).
Ludwig, Kurz 91, S. 370

Constraint-Netz
Unter einem Constraint-Netz versteht man eine Menge von Variablen, zwischen
denen eine --> Relation besteht (z. B. x + y = z oder y < 3). Ein Constraint-Netz entsteht, wenn Variablen mehrerer Constraints zu gemeinsamen Variablen zusammengefaßt werden (Constraint x + y = z und Constraint y < 3 teilen sich die Variable y).
Constraint-Netze repräsentieren regelhafte Zusammenhänge und können entsprechend zur Inferenz oder zur Integritätsprüfung verwendet werden.
Reimer 91, S. 237

Constraint, prädikatives
Das prädikative Constraint enthält Prädikate, die die Gültigkeit eines Wertetupels
enthalten (z.B. Temperatur größer 100°C dann Aggregatzustand gasförmig).
Ludwig, Kurz 91, S. 370

Constraint-Propagierung
(constraint propagation)
Constraint-Propagierung ist ein --> Prozeß, bei dem ein --> Objekt inkrementell
durch Constraints immer weiter eingeschränkt wird. Zuerst werden alle Wechselwirkungen zwischen den Constraints (Relation der Lösungsrelevanten Parameter, Entwurf eines Vorlesungsverzeichnisses; Vorlesung 1 und 2 dürfen sich nicht über-
schneiden) berechnet und dann der Parameter instantiiert, dessen Wertebereich am

stärksten eingeschränkt ist. Die Konsequenzen der Festlegung eines Parameters werden über die Constraints an die anderen Parameter propagiert, deren Wertebereich dadurch weiter eingeschränkt wird, bis alle Parameter instantiiert sind.
Ludwig, Kurz 91, S. 371

Das Grundkonzept für eine Repräsentation mit definierten Leistungsmerkmalen sind sogenannte Constraint-Netze, der zugehörige Verarbeitungsmechanismus ist unter dem Namen Constraint-Propagation bekannt.
Schnuch 92, S. 174

Constraint-Satisfaction

(Constraint-Erfüllung)
--> Constraint

Dämon

Prozedur, die aktiviert wird, wenn ein Wert in einer --> Datenbasis gelesen oder verändert wird.
Ludwig, Kurz 91, S. 374

Dämonen sind Funktionen, die Klassenmerkmalen (Attributen) zugeordnet werden und für die festgelegt wird, wann sie aktiv werden sollen (z.B. bei Neueintrag, Ändern, Löschen oder Zugriff des Attributwertes). Wenn eines dieser Ereignisse eintritt, führen die Dämonen Aktionen aus, die zum Beispiel das Ändern von Attributen in anderen Objekten auslösen können.
Breutmann, Burkhardt 92, S. 66

Darstellung, relationszentrierte

Die relationszentrierte Darstellung ist die Ergänzung zur objektzentrierten Darstellung. Die Einführung von Typen - definiert als Attribut-Wert-Matrix in die --> Prädikatenlogik vereint beide Darstellungsformen.
Laubsch 91, S. 13

Daten

Daten sind numerische oder symbolische Werte zur Beschreibung physikalischer, theoretischer oder ideeller Größen.
VDI-Richtlinie 5007

Datenbank

Eine Datenbank ist eine logische und physische --> Repräsentation der statischen Komponente eines einem datenbankorientierten Informationssystems zugrundeliegendenden --> Modells. Sie enthält sowohl das Datenschema als Beschreibung der Zuweisung von Informationselementen auf die syntaktischen Grundeinheiten als auch die Schemaausprägung als Ergebnis der Besetzung mit Informationsausprägungen. Die Schemaausprägung besteht innerhalb eines beliebig kleinen Zeitraums

Δt aus einer abgeschlossenen Menge von Informationselementsausprägungen, die untereinander beliebig verknüpft und weitgehend redundanzfrei sind.

Eigner 80, S. 41

Eine Datenbank ist eine selbständige, auf Dauer und für flexiblen und sicheren Gebrauch ausgelegte Datenorganisation, umfassend einen Datenbestand (Datenbasis) und die dazugehörige Datenverwaltung.   *Zehnder 89, S. 10*

Eine Datenbank ist ein Softwaresystem zum Speichern, Wiederauffinden und ggf. Aufbereiten und Auswerten von Daten.   *Krückeberg, Spaniol 90, S. 125*

Eine Sammlung von Daten, die von verschiedenen Programmierern verwendet werden kann, wird Datenbank genannt. Wir definieren sie als eine Sammlung von inhaltlich zusammenhängenden Daten, die zur Erhöhung der Betriebssicherheit mit kontrollierter Redundanz abgespeichert werden, um für ein oder mehrere Programme in optimaler Art und Weise verwendbar zu sein. Die Daten werden so gespeichert, daß sie unabhängig von den Programmen sind, von denen sie benutzt werden. Eine allen Programmen gemeinsame und kontrollierte Lösung wird für das Hinzufügen, das Modifizieren und das Abfragen in der Datenbank gespeicherter Daten benutzt. Ein System kann mehrere Datenbanken enthalten, wenn jede für sich eine eigenständige, von den anderen verschiedene Datenstruktur hat.

Spur 92, S. 22

Datenbankmanagement

Der Zugriff auf die Bestände der Datenbank wird durch das Datenbankmanagement des Datenbanksystems geregelt. Es entbindet den Nutzer und Softwareentwickler weitgehend von der Kenntnis der inneren Struktur der Datenbank und stellt die Werkzeuge zur Gestaltung einer Datenbank und zum geordneten Zugriff auf diese zur Verfügung.   *Spur 92, S. 23*

Datenbankmodell, hierarchisches

Hierarchische Anordnung der Daten mit Anlagerung von Attributen an die jeweiligen Knoten der Hierarchie. Programmierung zur Abfrage und Modifikation der Daten zwingend erforderlich. Effizient durch explizite Verweise, die jedoch bei der Programmierung gepflegt werden müssen. Zugriff nur über die Wurzel möglich, dann Navigation zu gesuchten Datensätzen.   *Spur 92, S. 202*

Datenbankmodell, relationales

Repräsentation der Daten als Tabellen. Durch die Verwendung von Normalformen des Relationenmodells entfällt die Verwaltung von Verweisen. Komplexe Objekte der Realität werden jedoch in der Regel über verschiedene Tabellen verteilt, so daß das Datenbanksystem bei Erstellung der benutzerspezifischen Sichten viel Leistung benötigt. Durch die Verwendung von SQL-Abfrageprozessen sind ad-hoc-Anfragen ohne Programmierung möglich.   *Spur 92, S. 202*

Datenbankmodell, Netzwerk-

Strukturen von Objekten der realen Welt werden in Netzwerken, also Graphen, abgebildet. Wie auch im hierarchischen Ansatz muß durch das Netzwerk navigiert werden, um die gesuchten Daten zu erhalten oder zu modifizieren. Beim Netzwerkdatenmodell kann jedoch jeder Knoten der Einstiegspunkt sein. Auch bei diesem Datenmodell ist Programmierung zur Abfrage und Modifikation notwendig.

Spur 92, S. 203

Datenbankmodell, NF^2

Entspricht von der Grundstruktur dem relationalen Modell mit dem Unterschied, daß in einer Tabelle selbst auf Attributebene eines Satzes wieder mehrere Tupel eingeblendet werden können. Dadurch entfällt die vollständige Normalisierung in einer Vielzahl von Tabellen, was zwar zu redundanten Datenbeständen führen kann, aber dafür durch die geringere Belastung des Datenbanksystems schnellere Antwortzeiten ermöglicht. Zur Modifikation und Abfrage der Daten ist durch entsprechend erweiterte SQL-Prozessoren keine Programmierung notwendig.

Spur 92, S. 203

Datenbankmodell, statistisches

Das Ziel solcher --> Modelle besteht in zeitbezogenen, statistischen Aussagen, etwa über die Verteilung von Datenelementen auf dem Speichermedium, wie sie entsteht, wenn sich die Speicherbelegung durch Hinzufügen und Entfernen von Datenelementen ändert und damit auch die Zugriffszeiten zu den Beständen.

Lutz 76, S. 35

Datenbanksystem

--> Datenbankverwaltungssystem

Ein Datenbanksystem im weiteren Sinne ist die Gesamtheit aller für den Betrieb einer --> Datenbank notwendigen Informations- und Informatik-Komponenten. Ein Datenbanksystem im engen Sinne umfaßt jene besonderen Software-Komponenten, welche eine Datenbank-Lösung charakterisieren, also das Datenbankverwaltungssystem (DBMS) und die zugehörigen DDL- und DML-Compiler oder Interpreter und Dienstprogramme.   *Zehnder 89, S. 19*

Damit der Benutzer einer --> Datenbank weder von der physikalischen Ausführung noch vom Datenbankmodell erheblich beeinflußt wird, benutzt er das Datenbanksystem. Dieses stellt die Zusammenfassung aller --> Programme und Programmteile dar, welche die Handhabung der Datenbank vereinheitlichen.

Ein Datenbanksystem stellt folgende Fähigkeiten sicher:
- explizite, klar strukturierte und mit kontrollierter Redundanz abgespeicherte Daten,
- Stabilität gegenüber Änderungen in der Dateiorganisation der verwendeten Rechner und
- Unabhängigkeit gegenüber Änderungen der Anwendungsprogramme.
Spur 92, S. 22

System zur Verwaltung von strukturierten Datenbeständen. Merkmale eines Datenbanksystems sollten heute
- Mehrbenutzerbetrieb,
- Transaktionsunterstützung,
- Unterstützung von Verteilung auf verschiedene Netzknoten in einem lokalen Netz,
- Reportgeneratoren,
- Werkzeuge zur Erstellung von Bildschirmmasken und
- Interaktive Anfragekomponenten sein.   *Spur 92, S. 203*

Datenbanksystem, objektorientiertes

Ein objektorientiertes Datenbanksystem ist ein Datenbanksystem zur Verwaltung persistenter --> Objekte. Seine Basisfunktionalität unterstützt den Lebenslauf persistenter Objekte, d.h. das Erzeugen, das Deaktivieren, das Aktivieren und das Zerstören von persistenten Objekten.   *Schmidt 91, S. 29*

Es zeichnet sich durch die Integration eines Datenbanksystems mit einer objektorientierten Programmiersprache aus. Es können Objekte mit komplexen Strukturen und ihre Zugriffsoperationen definiert werden. In einem objektzentrierten Datenbanksystem wird nicht nur das "WAS" sondern auch das "WIE" beschrieben werden.   *Rakow 91, S. 485*

Datenbanksystem, verteiltes

(distributed database system, DDBS)
Ein Datenbanksystem heißt verteilt, wenn die zugehörige --> Datenbasis koordiniert auf mehrere Computersysteme (Netzknoten) aufteilbar ist.   *Zehnder 89, S. 21*

Eine --> Datenbank heißt verteilt, wenn ein logisch integrierter Datenbestand physisch Ziel eines verteilten Datenbanksystems ist, um es dem Benutzer nicht nur das Arbeiten auf einer lokalen Datenbank zu ermöglichen, sondern ihm auch den Zugriff zu anderen Datenbanken auf anderen Rechenanlagen zu erlauben. Die Zugriffe auf die verschiedenen Datenbanken werden durch das globale Verwaltungssystem gesteuert, das so konzipiert sein sollte, daß es den Benutzer weitgehend unabhängig von der Verteilung der Daten macht. Für den Benutzer sollte kein Unterschied zu der Arbeit mit einem lokalen Datenbanksystem bestehen.
Spur 92, S. 27

Datenbankverwaltungssystem

(data base managment system, DBMS; data base system, DBS)
Ein Datenbankverwaltungssystem, auch nur Datenbanksystem genannt, koordiniert
und steuert die Zugriffe auf die in der --> Datenbank enthaltenen Informationen und
gewährleistet eine widerspruchsfreie, konsistente Fortschreibung des Datenbe-
standes.
Fink 82, S. 21

Darunter versteht man im wesentlichen ein Paket von Systemroutinen für die
üblichen Funktionen auf Datenbanken (Suchen, Lesen, Schreiben), welche den
übersetzten Anwendungsprogrammen zur Verfügung stehen. Daneben gibt es aber
eine ganze Anzahl von nur intern aufrufbaren Funktionen, welche vor allem
Maßnahmen im Bereich der Datenintegrität unterstützen (automatische Ein-
gabekontrolle, Rekonstruktionsprogramm, Zugriffskontrolle).
Zehnder 89, S. 21

Eigentlicher Kern eines Datenbanksystems, der die unterschiedlichen Datenbanken,
die wieder aus einzelnen Dateien aufgebaut sein können, verwaltet. Sichert die
Konsistenz im Mehrbenutzerbetrieb, ermöglicht ein strukturiertes Backup der
Datenbestände in den Datenbanken.
Spur 92, S. 204

Datenmodell

Unter einem Datenmodell versteht man eine Menge von Datenstrukturtypen zusammen mit den darauf zulässigen Operatoren. Als die klassischen Datenmodelle gelten:
- das hierarchische mit den Datenstrukturtypen 'Feld', 'Segmenttyp , 'Datenbanksatz',
  'logische Datenbank',
- das netzartige mit den Datenstrukturtypen 'Feld', 'Aggregat', 'Satztyp', 'Settyp',
  'Realm' (auch 'Area' genannt) und
- das relationale mit den Datenstrukturtypen 'Attribut', 'Relation'.
Fink 82, S. 19

Datenmodelle stellen Mechanismen zur Verfügung, mit denen sich Eigenschaften,
Verhalten und Struktur von Sachverhalten eines Umweltausschnittes sowie
zugehörige Konsistenzbedingungen beschreiben lassen.
Wichtigste Anforderungen an ein Datenmodell ist, daß es die präzise, vollständige
und möglichst problemnahe Repräsentation von Umweltsemantik erlaubt.
Geppert, Dittrich 91, S. 422

Ein Datenmodell ist eine Gruppe von Konzepten zur Beschreibung einer Datenbank.
Es definiert die Bausteine, aus denen Schemen konstruiert werden können, die
Operationen , die auf der Datenbank ausgeführt werden können, und die allgemeinen
Integritätsbedingungen, die eine Datenbank erfüllen muß, damit sie dem
Datenmodell konform ist.
Schmidt 91, S. 16

Ein Datenmodell besteht aus einer Datenstruktur, die sich aus Objekten,
Beziehungen und Eigenschaften zusammengesetzt.

--> Repräsentation der Wechselbeziehungen zwischen den im System abgebildeten Objekten der realen Umwelt. Während das **Informationsmodell** implementierungsneutral bleibt, d.h. nur die Eigenschaften und Objekte des Systemausschnitts aus der realen Welt beschreibt, ist ein **Datenmodell** eine Abbildung dieses Informationsmodells auf eine konkrete Implementierung oder eine Klasse von Datenbanksystemen. Da bei jeder dieser Abbildungen (Reale Welt - Informationsmodell - Datenmodell) durch Abstraktion Zusammenhänge verloren gehen, ist es extrem wichtig, den Zwischenschritt des Informationsmodells mit zu vollziehen.

Spur 92, S. 30, 203

Datenmodell, konzeptionelles

In diesem Datenmodell fließen nur Benutzeranforderungen in den Darstellungsprozeß ein. Durch ein konzeptionelles Datenmodell soll das gewünschte Teilmodell der Realität einfach, für nicht Datenverarbeitungsfachleute verständlich, vollständig und dem gesamten Bedeutungsgehalt entsprechend, widergespiegelt werden.

Fink 82, S. 21

Datenmodell, relationales

Das relationale Datenmodell besteht aus einer relationalen (tabellenförmig: Zeilen und Spalten) Datenstruktur und darauf definierten relationalen Operationen.
Die relationale Datenstruktur wird definiert als --> Relation zwischen den "n" Attributen A_1, ..., A_n und deren "m" Wertebereichen D_1, ..., D_m. Der Wert "m" wird Grad der Relation genannt.
Jede Zeile besteht vollständig aus allen Spalten und entspricht einem Tupel der Relation. Alle Tupel sind paarweise verschieden, d.h. es gibt keine gleichen Tabellenzeilen. Die Reihenfolge der Tupel ist ohne Bedeutung. Ein Schlüssel ist eine Angabe von Attributen zur eindeutigen Identifizierung einzelner Tupel.

Ludwig, Kurz 91, S. 372

Im von Codd entwickelten relationalen Datenmodell wird bei der Modellbildung nicht zwischen Objekten und Beziehungen unterschieden, sondern die Abbildung erfolgt einheitlich auf dasselbe Konzept, auf eine Relation. Diese Relation läßt sich als zweidimensionale Tabelle darstellen und ist somit eine leicht verständliche und einprägsame Darstellungsweise von Daten.   *Spur 92, S. 31*

Datentyp

Eine Daten-Bauart zusammen mit vorgegebenen Operationen, bei denen Ausprägungen der Bauart als Operanden beteiligt sind.   *DIN 44300, Teil 3, S. 2*

Datentyp, abstrakter

Ein abstrakter Datentyp ist eine --> Klasse von Datenstrukturen, die durch eine äußere Sicht beschrieben werden, nämlich durch die verfügbaren Dienste und die Eigenschaften dieser Dienste.   *Meyer 90, S. 58*

Sie dienen als geeignete Abstraktionsebene zur Beschreibung von Datenstrukturen. Der Datentyp wird rein funktional durch seine Konstruktions-, Modifikations- und Zugriffsfunktionen charakterisiert, und es bleibt offen, wie eine Funktion tatsächlich implementiert wird. Die --> objektorientierte Wissensrepräsentation kann als Verallgemeinerung des Konzeptes der abstrakten Datentypen gesehen werden.

Ludwig, Kurz 91, S. 359

DBMS

(Data Base Management System)
--> Datenbankverwaltungssystem

DBTG

Data Base Task Group von CODASYL
--> CODASYL

Deadlock

Deadlock tritt auf, wenn zwei oder mehrere Transaktionen wechselseitig auf die Freigabe gesperrter --> Objekte warten, um selbst weitermachen zu können.

Dadam 80, S. 13

Man spricht von einem Deadlock, wenn zwei oder mehrere Transaktionen wechselseitig auf die Freigabe gesperrter Objekte warten, um selbst weiter arbeiten zu können.

Apel 90, S. 31

Deadlock, globaler

Ein globaler Deadlock ist ein Deadlock, der in Transitionen zwischen mehreren Knoten verwickelt ist. Es muß dabei kein lokaler Deadlock vorliegen.

Dadam 80, S. 17

Deadlock, lokaler

Ein lokaler Deadlock ist ein Deadlock, der nur mit einem Knoten in Verbindung steht.

Dadam 80, S. 17

Debugging

Ein Vorgang bei der Programmerstellung, bei dem das --> Programm getestet wird und die entdeckten Fehler beseitigt werden, also suchen nach Fehlern im Programm durch Überwachung seines Ablaufes.

Schulze 88, S. 113

Deduktion

(Ableitung; --> Inferenz)

Eine Folge logischer Formeln, in der jede Formel ein Axiom ist oder durch Inferenz aus vorher in der Folge vorkommenden Formeln entsteht.   *Ludwig, Kurz 91, S. 372*

Deduktionssystem
(deduction system; calculus)
Ein Deduktionssystem besteht aus einer endlichen Menge von Axiomen und einer endlichen Menge von Ableitungsregeln. Es dient zur formalen, mechanischen Erzeugung von Mengen (z.B. Zeichenreihen, Formeln).
Bullinger, Fähnrich 88, S. 179

Deduktionssysteme im weiteren Sinne sind --> Programme zur Darstellung und Bearbeitung von Aussagensystemen auf der Grundlage der mathematischen Logik. Deduktionssysteme im engeren Sinne sind Programme, welche mathematische Theoreme zu beweisen versuchen oder darauf aufbauende Anwendungen realisieren. (Ausdrucksmittel: meist Prädikatenlogik erster Ordnung; Schlußfolgerungsregeln: Resolution).
Kurbel 89, S. 8

Defaults
Defaults sind mögliche Bestandteil von --> Frames; Sie sind Fakten, die als wahr gelten, solange nichts gegenteiliges explizit bekannt ist.   *von Luck 91, S. 11*

Defaultannahme
Unter einer Defaultannahme versteht man eine Standardannahme, die empirisch oder pragmatisch begründet ist und die so lange aufrecht erhalten und auch vererbt wird, wie sie sich nicht durch gegenteilige oder speziellere Informationen aufgehoben wird.
Helbig 91, S. 60

Default Reasoning
Die Grundidee von default-Schlüssen ist, unter Verwendung von Standardannahmen auch bei unvollständiger oder fehlender Information weitere Informationen und zwar solche, die als Erwartung charakterisiert werden kann, abzuleiten und insofern Wissenslücken zu füllen.
Habel 83, S. 132

Default Resoning ist ein Prozeß des Schließens, in dem zunächst versucht wird, die gewünschte Information aus der gegebenen Wissensbasis herzuleiten. Wenn dies nicht gelingt, wird Default-Wissen herangezogen. Dieses gibt Antwort auf die Frage, welchen Eigenschaften ein --> Objekt x genügen wird, wenn diese nicht ableitbar sind, aber Standard-Annahmen für diesen Fall existieren, wenn sie z.B. für einen Oberbegriff von x gegeben, für x selbst aber nicht explizit definiert sind.

Default Resoning kann auch als spezielle Form von Vererbung aufgefaßt werden. Diese Art der Vererbung schließt, ebenso wie die Vorrang-Regel für Individuen, Inkonsistenzen aus bzw. zeigt einen Weg zu ihrer Behandlung auf.   *Dörne 89, S. 30*

Default-Wert
(default, default values; Default-Wert, Standardwert, Vorgabe, Vorbelegung, Erwartungswert)
Default-Werte sind Vorbelegungen von Werten, die meistens, aber nicht immer stimmen und daher durch konkrete Informationen überschrieben werden können.
Puppe 88, S. 30

Standard-Werte, Vorgaben oder Vorbelegungen in --> Expertensystemen, Computerprogrammen, arbeiten oft mit vorgegebenen Werten, die sie verwenden, sofern keine anderen Werte eingegeben werden. Diese angenommenen Werte werden als Default-Werte bezeichnet. In Expertensystemen sind oft Default-Werte für --> Fakten gespeichert.   *edv a 1/1990, S. 18*

Computerprogramme arbeiten oft mit vorgegebenen Werten, die sie verwenden, sofern keine andere Werte eingegeben werden. Diese angenommenen Werte werden als Default-Werte bezeichnet. In --> Wissenssystemen sind oft Default-Werte für Fakten gespeichert. Also: ein default value gilt als Standardannahme, ist also nicht sicher und wird deshalb erfragt. Ein value gilt dagegen als sicher und wird nicht erfragt.   *Behrendt 90b, S. 384; Ludwig, Kurz 91, S. 373*

deklarative Wissensrepräsentation
--> Wissensrepräsentation

Delphi-Methode
Delphi Methode ist ein Verfahren der Wissensakquisition. Die Delphi Methode ist ein Instrument zur mehrstufigen Ermittlung von Gruppenmeinungen bei Anonymität und nicht personalem Kontakt der Teilnehmer, die als Experten im Befragungsbereich gelten.   *Schirmer 88, S. 70*

Dekomposition
(Begriff aus der Objektorientierung; invers zu --> Aggregation)
Dekomposition ist die Aufspaltung eines Konzepts in seine Bestandteile.
Aggregation und Dekomposition legen eine "ist-Teil-von"-Beziehung zwischen Klassen und Objekten fest.   *Breutmann, Burkhardt 92, S. 61*

Dempster und Shafer Theorie
--> Theorie

Deskriptor
Begriffe, die als Suchbegriffe zur Verfügung stehen. Umfeld: Recherchen in textbasierten Datenbanken. Die Deskriptoren beschreiben das Dokument. Sie können völlig frei vergeben worden sein, einer kontrollierten Schlagwortliste auch: kontrolliertes Vokabular, einem Thesaurus oder einer Nomenklatur entstammen.
Staud 91 S. 392

Diagnose
Vorgang, Ergebnis einer Fehlersuche   *Kerndlmaier 92, S. 44*

Diagnose wird ... als logische Schlußfolgerung dargestellt und nicht als Problem, die beobachteten (Fehler-) Symptome mit einer maximalen Menge von Normalitätsannahmen konsistent zu bekommen.
Bei der Diagnose können --> Defaults verwendet werden, um das normale Verhalten von Teilen eines Gerätes zu beschreiben. Fügt man zu dieser Beschreibung des normalen Verhaltens die Beschreibung des tatsächlich beobachteten Verhaltens hinzu, so geben die nicht angewendeten Defaults Auskunft darüber, welche Bauteile defekt sein können.   *Owsniki-Klewe, v. Luck, Nebel 93, S. 13, 58*

Diagnose, modellbasierte
Sie wird mit Hilfe von strukturellen und funktionalen Beziehungen zwischen Symptomen und --> Diagnose dargestellt. Zur Routinediagnose meist nicht nötig, jedoch bei schwierigen und neuen Problemen.   *Puppe 87, S. 3*

Diagnose, technische
(--> Abduktion; --> Deduktion)
Diagnose ist der --> Prozeß der Festlegung des inneren Zustands eines --> Systems aufgrund einer vorliegenden Symptomatik und physikalischer Gesetzmäßigkeiten. Eine Diagnose beginnt im allgemeinen mit der Ermittlung offensichtlicher --> Fakten und ihrer Interpretation, um dann anschließend mit wesentlich höherer Effizienz neue Fakten zu erfragen.   *Mertens, Borkowski, Geis 90, S. 14*

Diagnosesystem
--> System

Diagnostik, modellgestützte
Die Diagnostik ist ein Problemtyp, bei dem die Problemlösung (--> Diagnose) auf einer Menge vorgegebener Alternativen aufgrund der Problemmerkmale (Sympto-

me) ausgewählt wird. Bei der modellbasierten Diagnostik operiert man auf kausalen --> Modellen der Anwendungsbereiche, die beschreiben, wie die Ursachen (Diagnosen) ihre Wirkungen (Symptome) hervorrufen. Es gibt zwei Haupttypen von Modellen: Fehlermodelle und funktionale Modelle.   *Karbach 89, S. 14*

Diagnostik, technische

Technische Diagnostik beschäftigt sich mit der Behandlung von Fehlern in technischen Systemen. Zentrales Element ist dabei der Begriff des Fehlers.

Kerndlmaier 92, S. 44

Dialog

Dialog ist ein Ablauf, bei dem der Benutzer zur Abwicklung einer Arbeitsaufgabe - in einem oder mehreren Schritten - Daten eingibt und jeweils Rückmeldung über die Verarbeitung dieser Daten erhält.   *DIN 66234, Teil 8, S. 1*

Dialogkomponente

--> Modul, Teil eines --> Expertensystems, der die Schnittstelle zwischen Benutzer und Expertensystem darstellt. Langfristig wird bei --> Beratungs- und Konsultationssystemen eine natürlichsprachliche Interaktion angestrebt.

Schnupp, Leibrandt 88, S. 127

Teil eines --> Expertensystems, der das Interface zwischen Benutzer und Expertensystem darstellt. Langfristig wird bei Expertensystemen auch natürlichsprachliche Interaktion angestrebt.   *Ludwig, Kurz 91, S. 375*

Diskursbereich

Vom Diskursbereich spricht man im Zusammenhang mit der --> Wissensrepräsentation. Das darzustellende --> Wissen betrifft einen Bereich der realen Welt, der durch die gegebene Problemstellung bestimmt ist. In der --> Logik wird dieser Bereich als Grundbereich oder Individuenbereich bezeichnet.

Lunze, Schwarz 90, S. 112

Domäne
(knowledge domains)
Ein abgegrenztes Wissensgebiet wie z.B die Konstruktion von Maschinen aus Modulen oder die Diagnose von Computer-System-Fehlern.   *Savory 85, S. 18*

Eine Domäne ist ein Wissensgebiet.   *Harmon, King 89, S. 290*

Eine Domäne stellt eine eindeutig benannte Kollektion aller zulässigen Eigenschaftswerte und Eigenschaften dar. Sie wird auch als Wertebereich bezeichnet.

Vetter 89, S. 42

Der Sachbereich, über den ein --> System --> Wissen besitzt.   *Behrendt 90b, S. 383*

Eine Domäne ist ein spezieller Fachbereich eines Experten.   *Schumacher 90, S. 57*

duale Semantik
--> Semantik

Drei-Schema-Architektur
--> Architektur

Effizienz
(Softwarequalitätseigenschaft)
Unter Effizienz eines Synchronisationsverfahren versteht man seine Fähigkeit, in einem gegebenem Zeitraum möglichst viele Transaktionen erfolgreich auszuführen.
Dadam 80, S. 14

Effizienz ist die ökonomische Nutzung von Hardware-Ressourcen wie Prozessoren, interner und externer Speicher, Kommunikationsgeräte.   *Meyer 90, S. 6*

Elaboration
(Bezeichnung aus dem Konstruktionsvorgang nach --> PLAKON)
Das Überführen einer Teilkonstruktion in eine andere durch Ausführen eines Konstruktionsschrittes wird als Elaboration bezeichnet.   *Cunis, Günter 91, S. 47*

Ellipse
Als Ellipse werden Ausdrücke bezeichnet, die grammatikalisch unvollständig sind. Ein Beispiel sind Nachfragen, wie "und wer noch?". Die Ellipse bezieht sich meist auf die vorausgegangenen Aussagen.   *Schnupp, Leibrandt 88, S. 128*

empirisches Modell
--> Modell

EMYCIN
Das erste Entwicklungswerkzeug für --> Expertensysteme EMYCIN wurde vom Expertensystem MYCIN abgeleitet. Nachdem die Entwicklung von MYCIN abgeschlossen war, entschieden sich die Konstrukteure dafür, das spezifisch medizinische --> Wissen aus MYCIN zu entfernen (daher der Name Essential

MYCIN). Die resultierende --> Shell (Schale) bestand aus einer rückwärtsver-
kettenden Inferenzmaschine, einem Konsultationstreiber (Consultation Driver) und
mehreren Wissenserwerbshilfen. Diese Shell bzw. dieses Werkzeug konnte dann mit
einer anderen --> Wissensbasis zu einem neuen Expertensystem kombiniert werden.
Behrendt 90b, S. 383

Engineer, Knowledge

(Wissensingenieur)
Der Wissensingenieur ist der "Architekt" von Wissensbasierten Systemen; er
übernimmt die Mittlerrolle zwischen den Experten und dem jeweiligen
Expertensystem als Bediener und Programmierer.   *Bullinger, Fähnrich 88, S. 190*

Der Wissensingenieur, der ein Expertensystem implementiert. Der Knowledge
Engineer befragt Fachleute mit dem Ziel, das zum Aufbau einer Wissensbasis
benötigte Rohwissen zusammenzutragen und die Gesetzmäßigkeiten zu formulieren.
Der Knowledge Engineer bringt in enger Zusammenarbeit mit dem Experten das
Rohwissen in eine computergerechte Form.   *Behrendt 90b, S. 386*

Der Knowledge Engineer ist ein Spezialist, der Probleme analysiert, Wissen
sammelt und wissensbasierte Systeme entwickelt (--> Knowledge Engineering).
Normalerweise impliziert dies eine Ausbildung im Bereich kognitive Psychologie,
Informatik und Künstliche Intelligenz - Forschung (Wissensverarbeitung). Ebenfalls
ist praktische Erfahrung bei der Entwicklung von Expertensystemen erforderlich.
Harmon, King 89, S. 294

Der/die Knowledge Engineer ist eine Person, die die Wissensbasis des Expertensystems aufbaut, indem sie das Expertenwissen in eine für das Expertensystem
verständliche Repräsentationsform bringt.   *Ludwig, Kurz 91, S. 394*

Engineer, Software

(Software Entwickler, Software-Programmierer)
Jemand, der konventionelle Computersoftware entwirft. Er spielt in der Entwicklung
konventioneller Software-Programme eine ähnliche Rolle wie der --> Knowledge
Engineer (Wissensingenieur) in der Entwicklung von --> wissensbasierten Systemen.   *Harmon, King 89, S. 299*

Engineering, Knowledge-

Ist der Prozeß, der das --> Wissen eines Experten oder anderer Quellen abbildet auf
die Wissensbank eines --> Expertensystems. Dabei stehen Wissenserfassung und die
Wissensrepräsentation im Vordergrund. Wissensquellen sind menschliche Experten,
Fachbücher, Fachartikel, Datenbanken, technische Unterlagen etc.

Bereich der --> Künstlichen Intelligenz, der den Erwerb, die Darstellung und die Anwendung von Wissen betrifft, und zwar neben Faktenwissen auch inexaktes, heuristisches und subjektives --> Wissen. Ziel des --> Knowledge Engineering ist es, Wissensmengen sowie Inferenz-Prozeduren (die erforderlich sind, um dieses Wissen zu interpretieren) in computergeeigneter Form darzustellen.

Noelke 86, S. 109

Knowledge Engineering - eine Anlehnung an den englisch-amerikanischen Begriff des --> Software Engineering und in Betonung der Zielsetzung, den gesamten --> Prozeß der Gestaltung einer --> Wissensbasis ingenieurmäßig zu betreiben.

König 90, S. 31

Unter Knowledge Engineering wird heute in der Regel der gesamte Erstellungs- und Wartungsprozeß eines --> wissensbasierten Systems verstanden (Machbarkeitsstudien, Auswahl von Werkzeugsystemen, --> Wissensakquisition bis zur Integration eines fertigen --> Systems in die Einsatzumgebung, Wartung und gegebenenfalls Erweiterung).

Ludwig, Kurz 91, S. 394

Engineering, Software-

Software-Engineering ist die Anwendung wissenschaftlicher Erkenntnisse mit dem Ziel, Computer mittels Programm, Verfahren und zugehörigen Dokumenten dem Menschen nutzbar zu machen.
Software-Engineering befaßt sich mit dem --> Prozeß der Entwicklung von --> Softwaresystemen, mit den dafür erforderlichen und zweckmäßigen --> Methoden, Verfahren und --> Werkzeugen.
Software-Engineering ist eine Ingenieurdisziplin, deren wissenschaftliche Grundlagen die Informatik schafft - ähnlich wie andere Ingenieurdisziplinen diese aus den Naturwissenschaften beziehen -, die aber darüber hinaus mit einem Fundus systematisierter Erfahrungen und einer praktischen Problemlösungshaltung arbeitet.

Denert 91, S. 13

Software Engineering ist eine Ingenieurwissenschaft, die sich mit den Prinzipien, Methoden, Werkzeugen und Menschen befaßt, die Software unter industriellen Bedingungen planen, entwickeln, anwenden und warten. Ein Teilgebiet des Software Engineerings ist der Software-Entwurf.

Schulz 92, S. 14

Entität

Eine Entität (entity) ist ein individuelles Exemplar von Elementen der realen Welt oder der Vorstellungswelt.
Sofern eine Beziehung zwischen Entitäten eine Bedeutung in der realen oder in der Vorstellungswelt hat, kann auch ein individuelles Exemplar einer solchen Beziehung als Entität aufgefaßt werden.

Zehnder 89, S. 42

Begriffliche Einheit in der Wissensdomäne des Benutzers. Entitäten, mit denen sie charakterisierenden Attributen und deren Charakteristika (Datentyp, Bereich, Default, Vererbungsrelationen) bezeichnet man als --> Frames. --> Wissensbasen bestehen oft aus Entitäten quasi als einer stark strukturierten Datenbank und dem in Regelform verpackten --> Wissen über Schlußfolgerungen auf der Basis der Eigenschaften und Werte dieser Entitäten.   *Konrad, Mittelbach 89, S. 25*

Entität, Eigenschaft einer

ermöglicht die Charakterisierung, Klassifizierung und u.U. eindeutige Identifizierung. Eine Eigenschaft hat einen Namen und einen oder mehrere Eigenschaftswerte (Werte). Die Zuordnung eines Wertes zu einer Eigenschaft und diese zu einer Entität wird als Faktum bezeichnet.   *Vetter 89, S. 27*

Entitätsmenge

(entity sets)

Ein wesentlicher Schritt in der Modellierung, d. h. bei der Abstraktion von konkreten Sachverhalten, besteht in der Gruppierung von Entitäten mit gleichen oder ähnlichen Merkmalen aber unterschiedlichen Merkmalswerten zur Entitätsmenge.

Zehnder 89, S. 42

Eine Entitätsmenge ist eine eindeutig benannte Kollektion von Entitäten gleichen Typs. Sie ist also eine eindeutig benannte Kollektion von Entitäten, die aufgrund der gleichen Eigenschaften (nicht Eigenschaftswerten!) charakterisiert werden.

Vetter 89, S. 33

Entity

--> Entität

Entity-Relationship-Modell

(ERM)

Entity-Relationship-Modelle sind zur Beschreibung von Objekttypen mit ihren statischen Beziehungstypen geeignet. Sie definieren auf hohem abstraktem Niveau ein Informationsmodell der aus einem bestimmten Blickwinkel betrachteten "realen Welt". Dabei wird die zu entwerfende Datenstruktur (Relationen, Segmente, Sets) nicht antizipiert.   *Kruck 87, S. 16*

Entity-Relationship-Modell, strukturiert

Das strukturierte Entity-Relationship-Modell (SERM) ist eine Weiterentwicklung des klassischen ERM. Der wesentliche Unterschied besteht darin, daß Schlüsselreferenzen zwischen Datenobjekttypen primär unter dem Gesichtspunkt der darin ent-

haltenen Existenzabhängigkeiten analysiert werden. Dabei werden alle Paare von in
Beziehung stehenden Datenobjekttypen nach dem Schema originär/abhängig geordnet.   *Ferstl, Sinz 90, S. 568*

Entscheidungstabelle
Die Entscheidungstabelle ist ein tabellarisches Beschreibungsmittel für formali-
sierbare Entscheidungsprozesse.   *DIN 66241, S. 2*

Entwicklungswerkzeuge
--> Werkzeuge

Entwurf
Entwurf bezeichnet die abstrakten ingenieurtechnischen Leistungen, die in früheren
Projektierungsphasen in den Aufgabenkomplex Problemanalyse, Erarbeitung der
Aufgabenstellung und Strukturentwurf eine ausschlaggebende Rolle für das
Gesamtprojekt spielen.   *Engmann 88, S. 8*

Entwurf, kreativer
Beim kreativen Entwurf findet ein vollständiger Neuentwurf statt.   *Günter 90, S. 19*

Entwurf, objektorientierter
Objektorientierter Entwurf ist die Entwicklung von Softwaresystemen als
strukturierte Sammlung von Implementierungen abstrakter Datentypen.
                                                                      Meyer 90, S. 64

Als konsequente Weiterentwicklung des modernen Softwareengineerings greift der
objektorientierte Ansatz die Vorteile der abstrakten Datentypen, nämlich der
Abkapselung interner Eigenschaften durch eine datenorientierte Betrachtungsweise
auf und ergänzt diese um verschiedene zusätzliche Elemente, welche zu einer
weitergehenden Entlastung des Programmierers in obengenannten Sinne führt.
                                                                      Fiedler, Rix, Zöller 91, S. 34

Beim objektorientierten Entwurf geht es darum, ein --> System so zu zerlegen, daß
eine Struktur von --> Objekten und --> Klassen entsteht.
Die Vorgehensweise beim Entwurf hängt sehr stark davon ab, in welchem Aspekt
des Systems sich das größere Maß an Komplexität manifestiert.
                                                                      Endres, Uhl 92, S. 258

Aus unserer Sicht bedeutet objektorientierter Entwurf nicht nur, ein Softwaresystem anhand von --> Klassen und Vererbungshierarchien zu beschreiben.

Vielmehr gilt es, den über geordneten Zusammenhang zwischen Vorgehensweisen, Leitmetaphern der Systementwicklung und Entwurfsstrategien zu verdeutlichen.
Gryczan, Züllighoven 92, S. 264

Entwurf, Routine-
Routine-Entwurf charakterisiert Aufgaben, bei denen die Konstruktionsobjekte, die hierarchische Struktur und die zu berücksichtigenden Randbedingungen weitgehend bekannt sind.
Günter 90, S. 19

Entwurfsmethode
--> Methode

Envisioning
(Teilbereich oder Anwendung des qualitativen Schließens)
Inhalt: qualitative Schlußfolgerungstechniken auf physikalische technische --> Systeme anwenden, um auf der Basis einer gegebenen Strukturbeschreibung alle überhaupt möglichen Verhaltensfolgen abzuleiten.
Früchtenicht 88, S. 262

epistemisches Primitiv
Ein epistemisches Primitiv steht für eine --> Klasse gleichartiger Sachverhalte, die so allgemein sind, daß ihr Auftreten nicht einen bestimmten Diskursbereich (oder eine Klasse bestimmter Diskursbereiche) gebunden ist - epistemische Primitive sind also domänunabhängig.
Reimer 91, S. 15

epistomologische Analyse
--> Analyse

Erfahrungswissen
--> Wissen

Erklärungskomponente
(explanation component; Begründungs-, Rechtfertigung-, Erläuterungskomponente)
Teil eines --> Expertensystems, das auf Anfrage erklärt, durch welche --> Regeln und --> Fakten Ergebnisse des Inferenzprozesses zustande gekommen sind, und warum bestimmte Aktionen durchgeführt wurden. Die Erklärungskomponente sollte mehrstufig sein, d.h. wenn der Benutzer an einer Stelle mehrmals die "Warum" - Frage stellt, muß sie z.B. die Schlußfolgerungskette aufrollen, oder auch auf verschiedenen Ebenen beantwortet werden.
Schnupp, Leibrandt 88, S. 128

Teil eines --> Expertensystems, das auf Anfrage erklärt, auf welche Ergebnisse des Inferenzprozesses zustande gekommen sind und warum bestimmte Aktionen durchgeführt wurden. Hierbei kann es sich um eine einfache Aufzählung der Schritte oder um ein komplexeres Protokoll handeln. Im letzteren Fall wird aus den kodierten Aussagen des Protokolls ersichtlich, warum das System einen bestimmten Lösungsweg und keinen anderen gewählt hat.   *Behrendt 90b, S. 384*

Bezieht sich generell auf Informationen, die zur Rechtfertigung eines bestimmten Schlußfolgerungs- oder Aktionspfades geliefert werden. Bei Wissenssystemen bezieht sich dieser Begriff typischerweise auf eine Anzahl von Techniken, die dem Benutzer helfen, die inneren Vorgänge des Systems zu verstehen. Viele Wissenssysteme lassen als Rückfragen "Warum", "Wie" bzw. "Erkläre" zu. Das System antwortet auf diese Anfragen, indem es seine Annahmen und internen Schlußfolgerungen erläutert.   *Harmon, King 89, S. 289*

Erklärungssystem
(explanation system; explanation faciltiny)
Ein Erklärungssystem ist eine Komponente eines Expertensystems, die Erklärungen über einen Entscheidungsvorgang, die verwendeten Schlußregeln und gegebenenfalls Bedienerhinweise generiert. Der älteste Versuch, eine Erklärungskomponente in ein interaktives System zu integrieren, findet sich im SHRDLU_System von Winograd, das in der Lage ist, Warum- und Wie-Fragen zu beantworten. Allgemein unterscheidet man Fragen nach Tatsachen (Was-Fragen), nach Prozessen (Wie-Fragen) und nach Zusammenhängen (Warum-Fragen). Derartige Fragen werden dadurch beantwortet, daß die vom System zur Lösung eines Problems aufgebaute Hierarchie von (Teil) Zielen in eine natürliche Sprache transformiert wird.   *Bullinger 89, S. 137*

Erschließung, inhaltliche
Versuch der Repräsentation des in einem Dokument (in dessen Textteil) erfaßten Wissens.   *Staud 91, S. 393*

erschöpfende Suche
--> Suche

Erweiterbarkeit
(äußerer Softwarequalitätsfaktor)
Erweiterbarkeit bezeichnet die Leichtigkeit, mit der Softwareprodukte an Spezifikationsänderungen angepaßt werden können.   *Meyer 90, S. 4*

Establish-Refine

In einer strengen Diagnosehierarchie wird eine Diagnoseklasse zunächst durch -->
Rückwärtsverkettung bestätigt und dann verfeinert, indem versucht wird, einen
Nachfolger zu bestätigen, der wiederum verfeinert wird usw.   *Puppe 91, S. 78*

Evaluation

Hierunter versteht man die Bewertung des eingesetzten Systems hinsichtlich seiner
Leistung und Nützlichkeit. Zur Bewertung der Systemleistung wird untersucht, ob
das Wissen korrekt, konsistent und vollständig ist, ob die Kontrollstrategie einen
natürlichen Ablauf erbringt und ob die Erklärungen des Systems adäquat sind. Der
wichtigste Punkt der Leistungsbewertung, ob nämlich die Problemlösungen ange-
messen sind , ist ähnlich schwierig wie die Beurteilung eines Experten selbst, denn
es gibt keine objektiv richtige Lösung: verschiedene Experten können unterschiedlicher Ansicht sein. So muß man sich damit begnügen, daß das System nach dem
Urteil eines Expertengremiums keine groben Fehler macht und hinsichtlich der
Lösung dem Vergleich mit natürlichen Experten standhält. Es bleibt ein Risiko: Bei
Menschen, die eine Reihe komplizierter Beispielfälle richtig lösen, kann man darauf
vertrauen, daß sie generell keine groben Fehler machen werden - bei einem technischen System läßt sich das nicht ausschließen.   *Görz 93, S.755*

Experte, Fachbereichs-

(domain expert)
Experte, der für seinen eigenen Fachbereich (z.B. Medizin, Finanzwissenschaften,
Mineralienexploration) das Wissen in der --> Wissensbasis formuliert und
aufbereitet.   *Schnupp, Leibrandt 88, S. 128*

Expertensystem

Ein Computer-System, das hohe Leistungen auf Gebieten erbringt, deren Beherr-
schung eine Spezialausbildung von Jahren erfordert und das in der Lage ist, den
Prozeß seines Denkens jederzeit zu erläutern. Eine Untermenge der -->
wissensbasierten Systeme.   *Savory 85, S. 30*

Ein Expertensystem ist ein Problemlösungsprogramm zur Unterstützung und (parti-
ellen) Ersetzung menschlicher Experten. Die Komplexität heutiger technischer und
administrativer Prozesse macht ihren Einsatz zusehends aktueller.
Ein Computersystem, das hohe Leistungen auf Gebieten erbringt, deren Beherr-
schung eine Spezialausbildung von mehreren Jahren erfordert und das in der Lage
ist, den Prozeß seines Denkens jederzeit zu erläutern. Eine Untermenge der wissensbasierten Systeme.   *Bullinger, Fähnrich 88, S. 180*

a) Expertensysteme sind wissensbasierte Programmsysteme zur automatischen oder
interaktiven Lösung spezieller Symbolmanipulierungsprobleme, kurz gesagt: wis-

sensbasierte Problemlöser, die auf der Basis einschlägigen Fachwissens durch gezieltes, schlußfolgerndes Verknüpfen unter Einbeziehung problemspezifischer heuristischer Methoden arbeiten (methodischer Aspekt).
b) Die zu lösenden Probleme entspringen aus realen Bedürfnissen existierender Tätigkeitsbereiche (z.B. Naturwissenschaften, Medizin, Technik) und sind von echter praktischer Bedeutung für das entsprechende Gebiet (pragmatischer Aspekt).
Lehmann 88, S. 531

Expertensysteme unterscheiden sich von der allgemeinen Klasse der Wissensbasierten Systeme gerade dadurch, daß sie ein jeweils genau abgegrenztes, fachlich orientiertes Anwendungsgebiet haben.
Rahmsdorf 88, S. 2

Ein Expertensystem ist ein intelligentes Computerprogramm, das Wissen und Inferenzverfahren benutzt, um Probleme zu lösen, die immerhin so schwierig sind, daß ihre Lösung ein beträchtliches menschliches Fachwissen erfordert.
Harmon, King 89, S. 3

Expertensysteme gelten als ein anwendungsnahes Teilgebiet sogenannter Wissensbasierter Systeme.
König, Behrendt 89, S. 96

Expertensysteme sind "intelligente" Computersysteme, in denen die fachliche Kompetenz von Experten in Form von Sach- und Erfahrungswissen Heuristiken und vages Wissen. Sie sind imstande, über Regeln aus dem vorgegebenen Wissen selbständig Schlüsse zu ziehen, d.h. Problemlösungen anzubieten. Sie können an jeder Stelle des Lösungsprozesses Auskunft darüber geben, warum sie einen eingeschlagenen Lösungsweg gewählt haben, zu welchen Schlußfolgerungen sie bereits gelangt sind und wie sie zu diesen Schlußfolgerungen kamen.
Savory 89, S. 123

Expertensysteme sind Computer-Anwendungsprogramme, in denen das Wissen und das Verhalten eines Experten beim Lösen einer bestimmten Aufgabe abgebildet ist, oder: Expertensysteme sind Computeranwendungen, die Probleme mit Hilfe wissensbasierter Methoden und Techniken lösen.
Behrendt 90a, S. 12

Ein Expertensystem dient dazu, das Problembearbeitungsverhalten (Aufgabenbearbeitungsverhalten) von Experten so zu simulieren, daß diese von Routinetätigkeiten bei der Erstellung einer "Expertise" entlastet werden. Man zielt damit auf eine Produktivitätssteigerung bei Entscheidungsfindungen oder eine Qualitätssteigerung der Entscheidungsvorbereitung (und damit eine Qualitätssteigerung der getroffenen Entscheidungen).
König 90, S. 29

Expertensysteme verarbeiten Wissen und ziehen aus bekannten --> Fakten und --> Regeln Schlußfolgerungen zur Ableitung neuer Zusammenhänge, so daß die

Beschreibung, welches --> Wissen bereitsteht, um ein Problem zu lösen und in welcher Weise das Wissen angewendet werden soll, im Mittelpunkt steht.

Mertens, Borkowski, Geis 90, S. 2

Expertensysteme werden wissensverarbeitenden (auch wissensorientierten oder wissensbasierten) Systemen zugeordnet und oft als brauchbare Anwendung von KI eingeschätzt.

Definition: Expertensysteme sind wissensbasierte Informationssysteme im Sinne von Mensch-Computer-Systemen, die das Spezialwissen und die Schlußfolgerungsfähigkeit von Fachleuten aus einem (heute noch) relativ eng begrenzten Aufgabengebiet oder einer Problemklasse so erfassen, speichern und verarbeiten, daß sie sich gegenüber dem Nutzer selbst wie ein Fachmann verhalten können.

Meuche 90, S. 2

Als Definition für ein Expertensystem in technischer Hinsicht mag die folgende nützlich sein: Ein Expertensystem ist eine Computer-Anwendung, die einen begrenzten Problemkreis mit wissensbasierten Methoden.   *Schumacher 90, S. 57*

Unter einem Expertensystem versteht man ein wissensbasiertes System mit Fähigkeiten zur Problemlösung bzw. Inferenzausführung, das zur Lösung von Aufgaben eingesetzt wird, die im allgemeinen Spezialkenntnisse verlangen. *Helbig 91, S. 180*

Ein Expertensystem ist ein Computerprogramm, welches Spezialwissen und Schlußfolgerungsfähigkeit von menschlichen Experten in einem eng begrenzten Aufgabengebiet nachbildet und somit Problemstellungen mit einer einem Experten vergleichbaren Leistung lösen kann. Expertensysteme werden insbesondere in Bereichen angewandt, wo das Wissen diffus und schwer algorithmisch definierbar ist, oder wo auf die algorithmische Lösung am Komplixitätsgründen verzichtet werden muß.   *Ludwig, Kurz 91, S. 378*

Expertensysteme für Konstruktionsaufgaben

- Großer Lösungsraum,
- Rücknahme von Entscheidungen,
- Hierarchisches Vorgehen,
- Behandlung von Abhängigkeiten.

Planung und Konfigurierung unterscheiden sich dadurch, daß die Zeit beim Planen eine besondere Rolle spielt. Man benötigt bei der Planung spezielle Formalismen zur Repräsentation von Zeit und Zuständen und insbesondere Verfahren des zeitlichen Schließens.

Bisherige Realisierungsansätze folgen überwiegend dem regelbasierten Paradigma. Ein neuer Ansatz ist die modelbasierte Konstruktion. Hierbei wird die Problemlösung durch ein explizites, hierarchisches Modell der Konstruktionsdomäne unterstützt.

Beim heutigen Stand der Expertensystemtechnik können Dimensionierungs-
probleme und Aufgaben aus den sogenannten --> Routine-Entwurf recht erfolgreich
bearbeitet werden. Dagegen existieren für Aufgaben aus dem sogenannten --> kreativen Entwurf zur Zeit keine vielversprechenden Lösungsansätze. *Günter 90, S. 19*

Expertensystem, Meta-
Unter einem Metaexpertensystem versteht man ein zum Bau von Expertensystemen.
Es stellt eine Metasprache zur Beschreibung eines Wissensrepräsentationsforma-
lismus bereit und verfügt über ein ganzes Repertoire von bewährten KI-Techniken
(Problemlösungsmethoden; Inferenzverfahren).
Helbig 91, S. 209

Expertise
--> Expertenwissen

Expertenwissen
--> Wissen

Facette
(subslot)
Zu jedem --> Slot werden noch eine Anzahl von Feldern freigehalten, um spezielle
und systemspezifische Informationen einspeichern zu können. Ein Facett ist also ein
Attribut eines Slots in einem --> Frame. Häufige Facetts sind Default, Value, If-
change, If-needed.   *Ludwig, Kurz 91, S. 380*

Fachwissen
(Expertenwissen), --> Wissen

Fakt
(fact; Tatsache, Faktum)
Im allgemeinen eine Aussage, deren Gültigkeit feststeht. Bei den meisten -->
Wissenssystemen besteht ein Faktum aus einem Attribut und einem spezifischen
damit assoziierten Wert.   *Behrendt 90b, S. 384*

Fakten verkörpern deskriptives --> Wissen über --> Objekte, Situationen, Zustände.
Sie können durch Frames, semantische Netze oder durch prädikatenlogische Aus-
drücke dargestellt werden. Eine typische Faktendarstellung, ..., sind
Objektbeschreibungen in Form von Attribut-Wert-Listen.   *Helbig 91, S. 184*

Faktenwissen
--> Wissen

Faustregel
--> Heuristik

Fehlerbehandlung
Jedes gute Programm muß die Fähigkeit der Stabilität gegen Eingabefehler aufweisen. Es muß also:
- Eingabefehler erkennen,
- dem Nutzer Fehlerort und -art mitteilen,
- so reagieren, daß vorhergehende Resultate nicht verfälscht und nachfolgend korrekte weiterverarbeitet werden.

Um dem Programm diese Fähigkeit zu geben, muß in der funktionellen Spezifikation exakt bestimmt werden,
- welche Eingabeinformation fehlerhaft sind,
- welche Fehlerausschrift, den Programmnutzer über den Fehler in Kenntnis setzt,
- welche Maßnahmen zur Behandlung des Fehlers im Programm zu realisieren sind.
Lindner, Trautloft 87, S. 55

flache Modellierung
--> Modellierung

Fokus
Fokus einer Äußerung oder eines Dialoges ist das Ergebnis, das Objekt, von dem die Äußerung oder der Dialog gerade handelt. In längeren Texten und in Dialogen verändert sich der Fokus im allgemeinen. *Schnupp, Leibrandt 88, S. 127*

formale Sprachen
--> Sprachen

Forward Chaining
--> Vorwärtsverkettung

Fortran = FORmula TRANslation
Fortran II 1957 veröffentlicht, erste höhere Programmiersprache, formuliert von J. W. Backus im Jahre 1954. *Loeper, Jäckel, Otter 87, S. 14*

FORTRAN ist eine Programmiersprache, die in ihrem Kern der mathematischen Formelsprache ähnelt und die vorwiegend dem Abfassen von Programmen zur

Lösung numerischer Probleme auf digitalen Rechnern dient; eine flexible Ein- und Ausgabe ist Bestandteil der Sprache.   *DIN 66027, S. 1*

Frame

(class, unit, flavor, property, list, record; Einheit, Schema, Objekt, Rahmen)
Ein Frame entspricht einer Eigenschaftsliste (Property List), einem Entitytyp (Record, Datensatz) bzw. einem Schema, wie diese Begriffe in der konventionellen Programmierung und bei Datenbanken heißen.   *Harmon, King 89, S. 300*

Unter Frame hat man sich begriffliche Schemata, Rahmen oder Kontexte vorzustellen, die in der Weiterentwicklung der Repräsentationsform semantischer Netze zur schematischen Darstellung der Infrastruktur begrifflicher Einheiten bzw. zur objektorientierten Bündelung von Wissen über bestimmte Gegenstände und zur generellen Erklärung von Intelligenzphänomenen eingeführt worden.
                                                                    Lehmann 89, S. 71

Wissensrepräsentationsschema, das ein Objekt mit einer Gruppe von Eigenschaften assoziiert (z.B. Fakten, Regeln, Default-Werte und Aktive Werte). Jede Eigenschaft wird in einem --> Slot ("Schlitz", Abteil) gespeichert. Ein Frame ist die Menge von Slots, die mit einem spezifischen Objekt in Relation stehen. Ein Frame entspricht einer Eigenschaftsliste (property list) bzw. einem Schema oder einem Record (Datensatz), wie diese Begriffe in der konventionellen Programmierung heißen.
                                                                    Behrendt 90b, S. 384

Frames modellieren Objekte oder Konzepte, indem sie deren charakteristische Eigenschaft (Attribute) durch Slots beschreiben. Die Anzahl der Slots in einem Frame ist nicht begrenzt. Slots können ihrerseits Eigenschaften besitzen, die Facetts. Die Anzahl der Facetts kann einen oder mehrere Werte enthalten oder einen Hinweis auf eine Prozedur. Die Aktivierung dieser Prozeduren kann entweder explizit geschehen oder automatisch, wenn der Wert im Slot eingefügt, verändert oder gelesen wird.
                                                                    Silberbusch 90, S. 169

Ein Frame ist ein Schema zur Wissensrepräsentation, das eine bestimmte Entität (ein Objekt, einen Sachverhalt, ein Ereignis) innerhalb einer Hierarchie solcher Schemata mit Hilfe von Merkmal - Wert - Paaren beschreibt. Es ist ein Beschreibungsmuster, das in stereotyper Weise in den verschiedenen Situationen wiederkehrt. Die Merkmale, auch Slot genannt, werden als offene Stellen mit Variablencharakter betrachtet, die je nach zu beschreibender Entität durch spezifischer Merkmalswerte, die sogenannten Filler, zu belegen sind.   *Helbig 91, S. 59*

Wissensrepräsentationsschema, das ein Objekt (und Objektklasse) mit einer Gruppe von Eigenschaften (Werte, Regeln, Default-Werte und aktive Werte). Jede Eigenschaft wird in einem Slot gespeichert.
Ein Frame besteht also aus einer Anzahl von O-A-W-Tripeln (bzw. einer Menge von Slots), die sich alle auf dasselbe Objekt beziehen. *Ludwig, Kurz 91, S. 383*

framesbasierte Wissensrepräsentation
--> Wissensrepräsentation (objektorientiert)

Frame Representation Language
(FRM; Objekte-Frames, Eigenschaften = Slots)
Einfache Sprache, um eine objektorientierte (frameorientierte) --> Wissensrepräsentation zu ermöglichen. Für den Aufbau von Vererbungshierarchien gibt es in FRL einen besonderen vordefinierten Slot für jeden Frame, der AKO (a kind of) heißt.
Sie dienen bei Minsky (1) zum Wiedererkennen von stereotypen Objekten wie z.B. einem Wohnzimmer, (2) zum Handeln bei stereotypen Ereignissen wie bei einem Kindergeburtstag und (3) zur Beantwortung von Fragen über stereotype und konkrete Objekte. *Puppe 88, S. 30, 33*

Von R.B. Roberts und J.P. Goldstein entwickelte Sprache zur Wissensrepräsentation mit Frames als grundlegende Datenstrukturen. *Schnupp, Leibrandt 88, S. 129*

Freitext
Begriff für Texte in denen ohne strukturierende Werkzeuge gesucht wird.
Staud 91, S. 393

Funktion
--> Prozedur
Mit der Interpretation einer Funktion als gewünschten Vorgang oder Wirkzusammenhang zwischen Ein- und Ausgang eines Systems ist es möglich, die für die Aufgabenerfüllung notwendigen Vorgänge in einem System abstrakt und lösungsneutral zu formulieren, ohne daß man zunächst auf weitere Systemmerkmale eingeht (Black-Box-Betrachtung). *Schäfer 90, S. 54*

funktionale Modellierung
--> Modellierung

Funktionsmodell
--> Modell

Funktionsmodellierung

Funktionsmodellierung ist die Beschreibung von Funktionen und funktionalen Abhängigkeiten der zu entwickelnden Lösung. Sie umfaßt die Definition und Manipulation von Funktionen und Funktionsstrukturen durch den Konstrukteur einfacherer Funktionen und die Zusammenfassung mehrere Teilfunktionen zu intergrierten Funktionskomplexen durch den Konstrukteur oder durch einen Vorschlag des Modellierungssystems.   *Benz 90, S. 6*

Fuzzy Sets

Fuzzy Sets wurden 1965 von Lofti A. Zadeh eingeführt, um 'unscharfe' Mengenzugehörigkeiten mathematisch zu modellieren. Statt über einen Schwellwert harte Entscheidungen zu treffen, schlug Zadeh vor, jedes Objekt mit einem **Zugehörigkeitswert** zwischen 0 und 1 zu versehen, um anzugeben, zu welchem **Grad** ein Objekt Element einer --> Klasse ist.

Fuzzy Sets finden ihre Anwendung in der Prozeßtheorie, in der Mustererkennung und bei der Behandlung von Unsicherheit im Bereich der Wissensrepräsentation und -verarbeitung.   *Menhardt 89, S. 11*

Fuzzy Logik

--> Logik

gefärbtes Petri-Netz

--> Petri-Netz

Generalisierung

(generalization; allgemeines Abstraktionskonzept, Begriff aus der Objektorientierung)

Das Konzept der Generalisierung bezieht sich auf eine Menge von zueinander ähnlichen Objekttypen und betrachtet diese als einen semantisch höheren, generischen Objekttyp. Dabei werden individuelle Unterschiede zwischen den einzelnen Objekttypen ignoriert und nur die gemeinsamen Eigenschaften in den generischen Objekttyp übernommen. Zwischen den "spezialisierten" Objekttypen und dem generalisierten Objekttyp existiert damit eine "Is-a"-Beziehung. Durch mehrmalige Ausführung der Generalisierung entstehen die sogenannten Generalisierungshierarchien.   *Mitschang 88, S. 57*

Das Erweitern des Gültigkeitsbereiches für die Beschreibung eines Konzeptes, um mehr Beispiele damit zu erfassen.   *Ludwig, Kurz 91, S. 384*

Aus einer oder mehreren vorliegenden Klassen wird die Beschreibung einer allgemeineren Klasse abgeleitet, die die Gemeinsamkeiten der Ausgangsklassen abdeckt, aber ihre Unterschiede unterdrückt.   *Breutmann, Burkhardt 92, S. 62*

Generieren und Testen

(generate and test; --> Problemlösungsverfahren)

Problemlöser, die dem Generieren - und - Testen - Paradigma zugeordnet werden können, verwenden zwei Grundbausteine. Ein Baustein, der Generator, zählt mögliche Lösungen auf. Der Zweite, der Tester, Bewertet jede vorgeschlagene Lösung, indem er sie entweder akzeptiert oder zurückweist.   *Winston 87, S. 178*

Die Generiere - und Teste - Prozedur ist ein allgegenwärtiges Problemlösungsparadigma. Die Generiere - und Teste - Prozedur wird z. B. verwendet, um Bilder zu verstehen und Massenspektrogramme zu analysieren. Fälle des Generierens und Testens beziehen im Generator - und Tester - Modul oft andere Problemlösungsparadigmen ein.   *Winston 87, S. 220*

Generieren

--> Wissenserwerb

generische Einheit

(genericity, generic modules)

Generische Einheiten   ..., erlauben die Verwendung von Typenparametern. Diese Einheiten sind selbst nicht direkt verwendbar bzw. ausführbar. Sie stellen vielmehr Muster oder Schablonen dar, aus denen durch Ausgabe von Typen Instanzen ausführbarer Programmiereinheiten entstehen.   *Schönthaler, Németh 90, S. 260*

generischer Problemlösungstyp

Die Design-Elemente haben ... eine ähnliche Funktion wie die generic tasks von Chandrasekaran 1986. Diesem Ansatz liegt die Idee eines Baukastensystems kleiner Problemlösungswerkzeuge zugrunde, welche wiederkehrenden Teilaufgaben, die in vielen größeren Systemen verwendbar sind, Rechnung tragen. Dieser Baukasten enthält mittlerweile u.a. Teilsysteme zur hierarchischen und probalistischen Klassifikation, zum Skelett-Planen und zur Vorhersage der Auswirkungen von Zustandsänderungen.   *Görz 93, S. 758*

generische Verfahren

--> Verfahren

Generizität

Generizität ist, die Möglichkeit Moduln zu parametrisieren. Der Bedarf für diese Einrichtung wird insbesondere deutlich bei Klassen, die allgemeinen Datenstrukturen repräsentieren (Felder, Listen, Bäume,...).   *Meyer 90, S. 113*

Gewährleistung von Integrität
--> Integrität

Gewißheit
(certainty; subjektive Sicherheit, --> Konfindenzfaktor; --> Schließen, unsicheres)
Der Grad des Vertrauens, das man in ein Faktum oder eine Relation setzt. Im Zusammenhang der KI-Forschung unterscheidet sich dieser Begriff von "Wahrscheinlichkeit" (Probability), d.h. dem Grad der Möglichkeit, mit der ein Ereignis eintreten wird.   *Behrendt 90b, S. 384*

globaler Deadlock
--> Deadlock

Grammatik
Eine Grammatik ist ein endliches System von Regeln. Es gestattet, die im allgemeinen unendliche Menge von Sätzen einer formalen Sprache zu erzeugen (generative Grammatik) bzw. zu erkennen (analysierende Grammatik).
Damit ist eine **Grammatik** ein Quadrupel $G = (\underline{V}, \underline{A}, \underline{R}, S)$ mit
- der endlichen Menge von Symbolen, dem **Vokabular** $\underline{V}$,
- der endlichen Menge von sprachbildenden (terminalen) Zeichen, dem **Alphabet** $\underline{A}$,
  wobei $\underline{A} \subset \underline{V}$ gilt,
- der endlichen Menge der **Regeln** $\underline{R}$, mit $\underline{R} \subseteq (\underline{V}* \setminus \underline{A}*) \times \underline{V}*$,
- dem **Satzsymbol** (Wurzel) $S \in \underline{V} \setminus \underline{A}$.   *Loeper, Jäckel, Otter 87, S. 86*

Unter Grammatik versteht man ein Regelwerk, das es gestattet, nach bestimmten Vorschriften die Sätze einer Sprache von den nicht zu dieser Sprache gehörenden Sätze zu unterscheiden und jeder Oberflächenstruktur eines akzeptierten Satzes eine entsprechende Tiefenstruktur zuzuordnen (analytische Grammatik). Es gibt auch Grammatiken, die es erlauben, aus vorgegebenen Tiefenstrukturen bzw. aus einem Startsymbol entsprechende Oberflächenstrukturen abzuleiten (generative Grammatiken).   *Helbig 91, S. 231*

Grammatik, kontextfreie
Eine kontextfreie Grammatik ist eine solche generative Grammatik, bei der die linke Seite der Erzeugungsregeln aus einem einzigen nichtterminalen Element besteht.
                                   Riedewald, Maluszynski, Dembinski 83, S. 12

Eine Grammatik $G = (\underline{V}, \underline{A}, \underline{R}, S)$ heißt kontextfrei (vom Chomsky-Typ 2), wenn jede Regel $r \in \underline{R}$ die Form $r = (z, v)$ mit $z \in \underline{V} - \underline{A}$ und $v \in \underline{V}*$ hat.
                                          Loeper, Jäckel, Otter 87, S. 94

Granularität
... Detaillierungsgrad der Daten ...   *Österle, Brenner, Hilbers 92, S. 24*

Grundvokabular
--> Vokabular

Güte
Die Güte eines Expertensystems richtet sich nicht ausschließlich an der Vielzahl der Wissenselemente aus. Vielmehr kann die konzeptuelle Verdichtung einer Vielzahl von Wissenselementen zu einer kleineren Anzahl führen. Erst die Verdichtung realisiert die Forderung nach einer standardisierten Vorgehensweise. Diese Verdichtungsfunktion wird von dem sogenannten --> Knowledge Engineer (Wissensingenieur) wahrgenommen.   *König 90, S. 30*

Hearsay-Architektur
(--> Blackboardarchitektur)
Hearsay wurde entwickelt, um die Möglichkeit eines sprachverstehenden Systems zu demonstrieren. Die Hearsay- Architektur spielt jedoch eine entscheidende Rolle in der Entwicklung späterer --> Expertensysteme, die symbolisches Wissen verarbeiten.
Von Anfang an war den Entwicklern von Hearsay klar, daß sie ein "sprachverstehendes System" entwickeln mußten, wenn ihre Arbeit erfolgreich sein sollte - ein System, das nicht nur einzelne Laute "hören" konnte sondern aktiv in der Lage was mögliche "Wörter" nach ihrem Kontext und nach grammatischen Regeln zu klassifizieren.   *Harmon, King 89, S. 156*

Heuristik
Eine Heuristik ist eine gesammelte (späte) Einsicht. Hätte man sie früher, könnte viel Arbeit gespart werden.   *Hennings, Munter 85, S. 85*

Vorgehensweise bei Problemen, für deren Lösung keine eindeutigen Lösungsstrategien bekannt sind. In erster Linie "Daumenregeln" auf der Grundlage subjektiver Erfahrungen und tradierter Verhaltensweisen. Die Anwendung von Heuristiken ist vor allem in relativ unstrukturierten und schwer überschaubaren Problembereichen angebracht.   *Savory 85, S. 30*

Eine Heuristik ist eine --> Regel, die zur Verbesserung des Wirkungsgrades eines Programmsystems verwendet wird, das Lösungen für komplexe Probleme zu finden sucht.
Eine --> Methode also, die bei der Bearbeitung komplexer Probleme mit Hoffnung auf, aber ohne Garantie auf Erfolg eingesetzt wird. Sie kann eine Faustregel, Strategie oder ein Trick sein. Heuristiken werden häufig da herangezogen, wo zuver-

lässige --> Algorithmen zu zeitaufwendig sind (z.B. erschöpfende Suche), nicht bekannt sind (z.B. einige Probleme der Szenenanalyse) oder nicht existieren können (unentscheidbare Probleme).
Ein Regelsystem, das durch ein heuristisches Programm repräsentiert wird, beruht auf Hypothesen über den subjektiven Problemlösungsprozeß.
Bullinger, Fähnrich 88, S. 181

Strategie zur Beschleunigung der Beweisführung. Meist handelt es sich um die Präferenzierung bestimmter Formeln für die Inferenz; die Begünstigung solcher Formeln (z.B. kurze Formeln, Faustformeln) folgt dabei meist intuitiven und nicht-logischen Prinzipien und ist von der Art der Theorie abhängig. *Behrendt 90b, S. 385*

Ein Verfahren, durch das man in effizienter Weise wenigstens eine brauchbare Lösung bekommt (z.B. durch gezielte Suche), nennt man ein heuristisches Verfahren (griechisch heuristikein = entdecken). Dabei wird nicht garantiert, daß das heuristische Verfahren in allen Fällen ein exaktes Resultat liefert, vielmehr soll es schnell eine annehmbare Lösung finden. *Hartmann, Lehner 90, S. 9*

Als Heuristik bezeichnet man eine empirisch gestützte und sehr stark auf Intuition beruhende Methode, die es gestattet, die Lösung in einem Problemraum effektiver zu finden und den dafür notwendigen Suchaufwand deutlich einzuschränken.
Helbig 91, S. 111

Heuristik ist eine --> Methode, um bei unvollständiger Information neue Erkenntnisse zu gewinnen oder Probleme zu lösen.
Im Gegensatz zur Analytik, bei der das Problem in immer kleinere Einheiten aufgelöst wird, für die ein formales Gedankenmodell existiert, wird bei der Heuristik von einem nicht weiter detaillierter Erfahrungsmodell ausgegangen.
Während der analytische Lösungsweg stetig und komplett ist, kann es beim heuristischen Vorgehen Sprünge geben, wodurch der Beweis der Richtigkeit des Ergebnisses durch den Lösungsweg nicht erbracht werden kann.
Ludwig, Kurz 91, S. 386

heuristische Regel
--> Regel

heuristische Suche
--> Suchverfahren

Hierarchie
(--> Vererbungshierarchie)
Ein geordnetes Netz von über- und untergeordneten Begriffen oder Objekten.

Hierarchien implizieren in der Regel --> Vererbung, d.h. in den übergeordneten --> Objekten oder Begriffen sind die unter geordneten Objekte oder Begriffe "enthalten". *Harmon, King 89, S. 292*

hierarchische Strukturierung

--> Strukturierung

Hochsprache

--> Sprache

Horn-Klausel

(horn clause)

In der logischen Programmierung bezeichnet man damit Aussagen, die durch "oder" verknüpft sind, wobei höchstens eine Aussage positiv ist. Demnach hat eine Horn-Klausel folgende Gestalt: "Nicht A oder nicht B oder ... oder Nicht C oder D." Logisches Programmieren wird effizienter, wenn man als Aussagetyp nur Horn-Klauseln zuläßt, ähnlich wie Produktionssysteme das Wissen ausschließlich als Wenn-dann-Regeln ausdrücken. *Bullinger, Fähnrich 88, S. 179*

In der logischen Programmierung bezeichnet man damit Aussagen, die durch "oder" verknüpft sind, wobei höchstens eine Aussage positiv ist. Damit eine --> Klausel eine Hornklausel ist, darf höchstens eines der Literale nicht negiert sein. Demnach hat eine Hornklausel folgende Gestalt: Nicht A oder ... oder Nicht C oder X (not A or not B or not C or X). Diese kann man logisch adäquat umformen und schreibt sie dann als --> Regel mit einem Implikationspfeil A and B and C --> X. *Ludwig, Kurz 91, S. 387*

hybrides Werkzeug

--> Werkzeug

hybrides System

--> System

Hybridsysteme

--> Werkzeug

Hybridkonzept

Der hybride Ansatz führt zu Systemen, die in ihrer Grundarchitektur für jeden der genannten Wissensformen eigenständige Teilsysteme (d.h. Wissensbasis mit zugehöriger Inferenzkomponente) bilden. *Hartmann, Lehner 90, S. 248*

Hypothesize-and-Test

Aus den eingegebenen Symptomen werden durch --> Vorwärtsverkettung Verdachtshypothesen generiert, die anschließend durch --> Rückwärtsverkettung gezielt überprüft werden. Dieser Zyklus wiederholt sich, bis im typischen Fall eine Hypothese etabliert worden ist.   *Puppe 90, S. 59*

Induktion

--> Inferenz, induktive

Induktionssystem

(induction system; example-driven system)
Ein Wissenssystem, dessen Wissensbank aus Fallbeispielen besteht. Ein Induktions-Algorithmus erstellt aus den Beispielen einen Entscheidungsbaum, und das System zieht daraus seine Ratschläge. Induktionssysteme erleichtern nicht die Entwicklung von Regelhierarchien.   *Bullinger, Fähnrich 88, S. 181; Behrendt 90b, S. 385*

induktives Lernen

--> Lernen

inkrementelles Lernen

--> Lernen

Inferenz

(Schlußfolgern, Ableitung)
Sie leitet aus Daten oder Hypothesen neue, weiterreichende Hypothesen für die Lösung der Aufgabe ab. Jede dieser Komponente ist auf die Bearbeitung eines Ausschnitts des --> Blackboards spezialisiert.   *Ludwig, Kurz 91, S. 367*

Der Vorgang, neue Fakten aus bereits bekannten Fakten abzuleiten.
                                                                    Behrendt 90b, S. 385

Inferenz, analoge

Sie nutzt Ähnlichkeiten in der Problemstellung aus, um ähnliche Lösungen abzuleiten. So sollen zueinander ähnliche Suchprobleme mit ähnlichen Lösungsversuchen gelöst werden. Grundlage dieser Verfahren ist also nicht der Zusammenhang zwischen Allgemeinem und Speziellem, sondern die Ähnlichkeit zwischen dem speziellen Wissen eines bereits gelösten und eines neugestellten Problems.
                                                                    Lunze, Schwarz 90, S. 120

Inferenz, datengesteuerte
(data-directed inference)
Schlußfolgerungen, die durch Ereignisse und nicht durch Ziele gesteuert werden. -->
Vorwärtsverkettung.   *Behrendt 90b, S. 385*

Inferenz, deduktive
Vorgang, bei dem spezielles Wissen aus allgemeingültigem abgeleitet wird.
                                        Lunze, Schwarz 90, S. 120

Inferenz, erwartungsgesteuerte
(expectation - driven reasoning)
Inferenzmechanismus, bei dem ausgehend von den aktuellen Fakten Hypothesen
erzeugt werden und dann versucht wird, diese Hypothesen zu beweisen bzw. zu
widerlegen.   *Schnupp, Leibrandt 88, S. 128*

Inferenz, induktive
Darunter versteht man die Zusammenfassung mehrerer spezieller Wissenselemente
in einer allgemeingültigen Aussage (typischer Lernvorgang).
                                        Lunze, Schwarz 90, S. 120

Induktive Schlüsse basieren im Gegensatz zu deduktiven Schlüssen auf
Einzelerfahrungen und liefern als Resultat üblicherweise Aussagen über Klassen; d.
h. induktive Schlüsse sind die Basis von Generalisierungen und somit von
Zahlreichen Verfahren des Lernens. Aufgrund der Schlußrichtung "vom Einzelfall
zum Allgemeinen" sind induktive Schlüsse nie "vollständig sicher", sondern weisen
stets einen hypothetischen Charakter auf.   *Görz 93, S. 323*

Inferenz, zielgesteuerte
(goal-directed inference)
Schlußfolgerungen, die durch Ziele und nicht durch Daten gesteuert werden. -->
Rückwärtsverkettung   *Behrendt 90b, S. 385*

Inferenzbildung
- zentrale Fähigkeit von Systemen, die intelligentes Verhalten realisieren,
- im allgemeinen Sinne wird dadurch die Fähigkeit verstanden, aus vorhandenem
  Wissen neues Wissen mittels geeigneter Inferenzregeln zu schließen,
- tritt in verschiedenen Formen und Kontexten auf (strenge mathematische Beweisführung bis zum ungenauen Schließen auf der Grundlage von vagem Wissen).
                                        Bibel 85, S. 20

Inferenzkomponente
--> Inferenzmechanismus

Inferenzmaschine

(inference engine; Inferenzkomponente, --> Inferenzmechanismus, Inferenzsystem, Problemlösungskomponente)
Komponente eines problemlösenden Systems, mit Hilfe derer aus einer Menge bereits verifizierter Tatsachen neue Fakten geschlossen werden können.

Bullinger, Fähnrich 88, S. 182

Jener Teil eines Wissenssystems, der die Inferenz- und Ablaufsteuerungsstrategien enthält. Im weiteren Sinne beinhaltet die Inferenzmaschine auch verschiedene Subsysteme (oder Komponenten) wie das Wissenserwerbs- und Erklärungssubsystem und die Benutzerschnittstelle (Dialogkomponente). Inferenzmaschinen sind durch die Inferenz- und Kontrollstrategien, die sie anwenden, charakterisiert.   *Behrendt 90b, S. 385*

Inferenzmechanismus

(inference mechanism, --> Inferenzmaschine, Inferenzkomponente)
Programm, das aus Daten und Wissen (Fakten und Regeln) selbständig Schlüsse ziehen kann.   *Savory 85, S. 35*

Der Inferenzmechanismus umfaßt: das Kontrollsystem und den Regelinterpreter. Er enthält Inferenzstrategien und hat die Aufgabe, das in der Wissensbasis enthaltene Wissen auszuwerten, indem Schlußfolgerungen gezogen werden und neue Wissenseinheiten erzeugt und der Wissensbasis hinzugefügt werden.
Der Inferenzmechanismus kann auch als eine Art Wissen eingestuft werden, aber im Gegensatz zum problembereichsabhängigen Wissen der Regeln als problemunabhängigen Wissen.   *Ludwig, Kurz 91, S. 391*

Inferenzverfahren, dynamisches

(Schlußfolgerungsmechanismus)
In einem Inferenzverfahren wird die für die momentane Problembearbeitungslage richtige Ablauffolge der Auswertung von Wissenselementen (Regeln) bestimmt. Damit entsteht eine inkrementelle Erweiterbarkeit der Wissensbasis sowie eine dynamische Veränderlichkeit beider Kombination der Wissenselemente.

König 90, S. 29

Informatik

Unter Informatik soll die wissenschaftliche Durchdringung informationstechnischer Systeme und Prozesse und vor allem anderen die Wissenschaft von der rationellen rechnergestützten (Re)organisation von Arbeitsprozessen verstanden werden.
Informatik ist die Wissenschaft, die Informationsprozesse und verwandte Phänomene in technischen Artefakten der Gesellschaft und der Natur untersucht.

Coy, Bonsiepen 89, S. 13

Information

Informationen bestehen aus den Daten und ihrer Bedeutung in bezug auf die physikalischen, theoretischen oder ideellen Sachverhalte, die sie beschreiben.
VDI-Richtlinie 5007

Information, High-Level

Eine High-Level-Information bezeichnet eine abstrakte Information, die für breite Klassen von Problemen relevant ist. *Hennings, Munter 85, S. 120*

Information, Level der

Als Level der Information wird der Grad ihrer Allgemeinheit bzw. der Bereich möglicher Anwendungen der Information in Relation zu den Anforderungen an das Leistungselement bezeichnet. *Hennings, Munter 85, S. 120*

Information, Low-Level

Eine Low-Level-Information bezeichnet eine detaillierte Information, die für einzelne Problemen relevant ist. *Hennings, Munter 85, S. 120*

Information, unsichere

Eine unsichere Information liegt vor, wenn es Gründe gibt, die für das eintreten eines Ereignisses und welche die dagegen sprechen. Sie werden zum Beispiel durch Formulierungen wie "wahrscheinlich..." angezeigt. Ihre Verarbeitung ist über :
- Sicherheitsfaktoren,
- Fuzzy Logik,
- zweidimensionale Evidenzräume oder
- Endorsements möglich. *Hennings, Munter 85, S. 80*

Information, unvollständige

Eine unvollständige Information findet man dann, wenn ein Beteiligter die Extention von Wissen nicht vollständig kennt. Dies ist zum Beispiel bei der Verwendbarkeit einer Sache ohne konkrete Bedingungen der Fall. *Hennings, Munter 85, S. 80*

Information, vage

Eine vage Information liegt zum Beispiel dann vor, wenn absichtlich, oder auch nicht, ein ungenaues Weltbild benutzt wird. Etwa in einer Formulierung mit "ungefähr" falls der Bezug aus technischen Blättern oder Ähnlichem genau bezogen werden könnte. *Hennings, Munter 85, S. 80*

Informationseinheit
(chunk)
Eine Sammlung von --> Fakten, die als Einheit gespeichert und wieder abgerufen
werden (Psychologie). Die Kapazität des Arbeitsspeichers wird in der --> Regel
definiert als Anzahl von Informationseinheiten, die gleichzeitig manipuliert werden
können.   *Harmon, King 89, S. 290*

Informationssystem
Ein Informationssystem dient der Unterstützung der Entscheidungsarbeit respektive
der Problembearbeitung eines Akteurs (z.B. Mensch als Problembear-
beiter/Entscheider). Die Unterstützung zielt darauf hin, dem Akteur eine effektivere
und effizientere Durchführung dieser Arbeit zu ermöglichen, als dies dem Akteur
ohne systematische Unterstützung möglich wäre. Die systematische Vorgehensweise
bei der Unterstützung des Akteurs basiert auf standardisierten Vorgehensweisen der
Problembearbeitung oder der Entscheidbarkeit.   *König 90, S. 27*

Das Informationssystem des Unternehmens ist die Gesamtheit der -->
Applikationen, --> Datenbanken und zugehörigen organisatorischen Regeln. Das
Informationssystem dient der Aufnahme, Verarbeitung, Speicherung und Abgabe
betrieblich relevanter Informationen.   *Österle, Brenner, Hilbers 92, S. 373*

Informationssystem, betriebliches
Betriebliche Informationssysteme unterstützen und steuern die Abläufe in allen
Bereichen eines Unternehmens: in Marketing und Vertrieb, in Produktion und
Logistik ebenso wie im Berechnungswesen.
Ein charakteristisches Merkmal dieser --> Systeme ist, daß ihre Anwender "on-line"
auf eine gemeinsame, große und komplexe --> Datenbank zugreifen. Dies erfordert
meist einen großen, zentralen Rechner; denn verteilte Systeme sind (noch) schwer
zu beherrschen.
Ein weiteres Merkmal solcher Systeme ist, daß sie meist nicht nur einen
Dialogbetrieb führen - das ist der spektakulärste Teil, sondern daß auch eine
beträchtliche Batchverarbeitung dazugehört.   *Denert 91, S. 15*

Informationstechnik
beschreibt die Geräte- und die Systementwicklung zur Unterstützung solcher
Prozesse. Dazu gehören auch die technischen Grundprozesse der Datenübertragung,
-kodierung, -speicherung und -verarbeitung.   *Coy, Bonsiepen 89, S. 12*

Informationsverarbeitung, menschliche
(human information proccessing)
Eine Betrachtungsweise über das menschliche Denken, die davon beeinflußt ist, wie
Computer arbeiten.
Dieser Ansatz der Psychologie beginnt mit der Fragestellung, und fragt dann, wie
der Enwurf eines Computerprogramms aussehen könnte, das von denselben In-
formationen ausgeht, und zu denselben Schlüssen kommt. Diese Betrachtungsweise,
die auf Herbert Simon und Allah Newell zurückgeht, ist zur Zeit in der kognitiven
Phychologie vorherrschend und hat den Entwurf von Computersprachen und
Software beeinflußt.   *Harmon, King 89, S. 295*

Eine Betrachtungsweise über das menschliche Denken, die davon beeinflußt ist, wie
Computer arbeiten. Dieser Ansatz der Psychologie beginnt mit der Fragestellung,
wie Menschen unter Verwendung von Informationen Schlüsse ziehen und fragt
dann, wie der Entwurf eines Computerprogramms aussehen könnte, das von
denselben Informationen ausgeht und zu denselben Schlüssen kommt.
Ludwig, Kunz 91, S. 403

Inhaltsanalyse
--> Analyse

Inheritance
--> Vererbung

Instantiierung
(Begriff aus der Objektorientierung; invers zu Klassifikation)
Mit Instanziierung bezeichnet man den Prozeß der Konkretisierung und Spezialisierung begrifflicher Frames durch
- ausfüllender Slots mit spezifischen Informationen (Fillers), die mit den Slotbe-
  schreibungen übereinstimmen,
- Auswahl von Alternativen aus einem Spektrum von Möglichkeiten, die in der Slot-
  beschreibung vorgegeben sind,
- Hinzunahme weiterer charakteristischer Merkmale.   *Helbig 91, S. 60*

Ausgehend von einer Klasse werden Objekte erzeugt, die den Regeln der
Klassendefinition entsprechen.
Klassifikation und Instanziierung legen eine "ist-Instanz-von"-Beziehung zwischen
Klassen und Objekten fest.   *Breutmann, Burkhardt 92, S. 61*

Instanzen
Die --> Objekte, die durch eine gemeinsame --> Klasse beschrieben werden, heißen
Instanzen oder Exemplare dieser Klasse. Instanzen werden durch Instantiierung

einer Klasse erzeugt.
Eine Instantiierung kann durch eine --> Nachricht an ein Klassenobjekt geschehen.
Ludwig, Kurz 91, S. 410

Integrität
Sie charakterisiert die Beziehung der Datenbank - repräsentiert auch die Art und Anzahl ihrer Objekte sowie deren Inhalte - zur realen Welt bzw. zu einem Teil davon.
Dadam 80, S. 7

Intelligenz
Unter Intelligenz wird die Fähigkeit oder das Vermögen verstanden, Zusammenhänge zwischen einer Vielzahl von Faktoren auf kürzestem Wege zu erkennen.
Hartmann, Lehner 90, S. 3

Intelligenz, Künstliche
(Artificial Intelligence, AI, KI)
Der Bereich der Informatik, der sich mit schlußfolgerndem Denken und Problemlösen befaßt.
Savory 85, S. 43

Die Künstliche Intelligenz ist ein Forschungsbereich im Gebiet zwischen Informatik, Psychologie und Linguistik und beschäftigt sich mit den Themen Mensch-Maschine-Interaktion, Verarbeitung natürlicher --> Sprache, Spracherkennung, --> Expertensysteme, wissensbasierte Systeme, intelligente Roboter, computerunterstütztes Training, --> Bildverarbeitung, Mustererkennung, automatisches Beweisen, logisches Programmieren und Deduktionssysteme. Sie beschäftigt sich mit symbolischer im Gegensatz zu numerischer Datenverarbeitung.
Bullinger, Fähnrich 88, S. 182

Die Künstliche Intelligenz ist eine Bündelung sehr unterschiedlicher Forschungen, die es zum Ziel haben, Maschinen und Programme zu entwickeln, die die menschliche Wahrnehmungs- und Verstehensleistungen zeigen sollen, oder die Leistungen dieser Art nachbilden und ersetzen sollen.
Künstliche Intelligenz wird ... oft als flächenübergreifende Metawissenschaft verstanden, die aus Teilgebieten wie der Mathematik, Physik, Nachrichtentechnik, Psychologie, Linguistik, Neurophysiologien, Ökonomie und anderen aufgebaut wird.
Coy, Bonsiepen 89, S. 13

Auf einen Nenner gebracht: Der Versuch, einen Computer oder eine Maschine zu veranlassen, etwas zu tun, das als intelligent gilt, würde es ein Mensch getan haben. Heute gibt es eine Reihe verschiedener Anwendungsgebiete, die unterschiedlich weit auf diesem Wege fortentwickelt sind (--> Natürlichsprachliche Systeme; -->

Bildverarbeitung; --> Robotik; --> Expertensysteme).
Ein Überbegriff für die fortlaufend weiterentwickelten, computergestützten Lösungsverfahren, deren Aufgabe es ist, menschliche Denk- und Entscheidungsvorgänge bis hin zu ihren Resultaten nachzubilden. Hierzu zählt die Fähigkeit, Sprache zu verstehen, Schlüsse zu ziehen und komplexe Probleme zu lösen.
Behrendt 90a,b, S. 11, 386

Künstliche Intelligenz wird von einem ingenieurmäßigen Standpunkt im Hinblick auf eine tatsächliche Nutzung in der Industrie definiert als: "... technology for incorporation of the Knowledge and processes used by humans in computer systems, through analysis of said Knowledge ans processes". *Hennings 90, S. 49*

Künstliche Intelligenz ist einen Computer veranlassen, Dinge zu tun, die normalerweise nur ein Mensch tun kann, wie logisch Denken, Schlüsse ziehen, Abstrahieren, Analogien sehen, Relativieren, Lernen, Sprache verstehen.
Schumacher 90, S. 56

Nach FEIGENBAUM 1982 ist die Künstliche Intelligenz "ein Teilgebiet der Informatik, das sich mit den Konzepten und Methoden symbolischer Schlußfolgerungsprozesse durch einen Computer befaßt sowie mit der symbolischen Darstellung des Wissens, das für die Schlußfolgerungen herangezogen wird. Dieses Gebiet untersucht die Möglichkeit, einen Computer zu einem Vorgehen zu veranlassen, das unter Menschen als 'intelligentes' Vorgehen anerkannt wird".
Ludwig, Kurz 91, S. 399

Interface
--> Schnittstelle

Interpretationssysteme
--> Systeme

Interview
(Technik des Wissenserwerbs)
Zentrale Akquisitionstechnik in der empirischen Sozialforschung wie auch im Knowledge Engineering ist das Interview mit allen seinen Erscheinungsformen (strukturiertes Interview, Intensivinterview). *Schirmer 88, S. 69*

Integrität, Gewährleistung von
Bedeutet diese Beziehung so widerspruchsfrei wie möglich zu gestalten.
Dadam 80, S. 7

Integrität, semantische

(semantische Integritätsbedingungen)
Grob lassen sich zwei Klassen unterscheiden:
- Plausibilitätsprüfung für die Wertebereiche der Merkmale,
- Existenzabhängigkeiten zwischen den Datensätzen verschiedener Dateien.
Die Bedeutung dieser Festlegungen, die Aspekte der sogenannten Semantik des Weltausschnittes widerspiegeln, wurde seit langem in der Datenbanktheorie erkannt. Aus der diesbezüglichen Unzulänglichkeit der konventionellen Modelle wurden schon in den 70er Jahren weiterführende "Semantische Datenmodelle" diskutiert. Diese Diskussion ging seit Anfang der 80er Jahre in die um objektorientierte Datenbanken über. Andere Vorschläge zur Erhöhung der Modellierungspotenz zielen auf die Verschmelzung von Datenbanken mit Wissensbanken zu Knowledge Base Management Systems bzw. Expertendatenbanksystemen.   *Staud 91, S. 395*

ISA-Hierarchie

In der --> Künstlichen Intelligenz (KI) spielt die Inklusitionshierarchie über einer Menge von --> Klassen eine große Rolle. Ihre Integration in ein KI-System wirft einige interessante Fragen auf. Fragen wir uns zunächst, welche Aussagen Inklusitionsbeziehungen ausdrücken. Der Satz "Der Bär ist ein Säugetier" drückt aus, daß die Klasse der Bären eine Unterklasse der Klasse der Säugetiere ist. Deshalb werden Datenstrukturen zur Darstellung von Inklusitionshierarchien häufig "ISA-Hierarchien" genannt.   *Tanimoto 90, S. 118*

Kante

Sie stellen eine eindeutige (unidirektionale) Verbindung zwischen genau zwei --> Knoten dar, welche die eindeutige Beziehung (property) dieser beiden Knoten zueinander beschreibt. Da die Kante die Bedeutung der Beziehung darstellt, ist der Begriff --> semantisches Netz eingeführt worden. Bidirektionale Beziehungen werden durch zwei entgegengesetzte Kanten dargestellt.   *Ludwig, Kurz 91, S. 428*

kausale Modellierung

--> Modellierung

KI

--> Intelligenz

Klasse

Eine Klasse wird festgelegt durch eine Anzahl ausgewählter (Klassen-) Merkmale (Klasseme). Sie dient dazu, die in diesen --> Merkmalen übereinstimmenden Gegenstände einer Gegenstandsgruppe logisch zusammenzufassen und von anderen Klassen zu unterscheiden.   *DIN 6763, S. 3*

Klassen sind Teilmengen aus der Gesamtheit aller bekannten Muster. Diese Gesamtheit kann wiederum als Stichprobe aller bisher aufgetretenen (gemessenen und nicht gemessenen) Muster interpretiert werden. Die Muster einer Klasse sollen dabei gleiche oder ähnliche Eigenschaften aufweisen und sich von Mustern anderer Klassen unterscheiden.

Bünger 88, S. 33

Klassen werden in objektorientierten Sprachen tatsächlich als der technische Begriff verwendet, mit dem Datenstrukturmengen bezeichnet werden, die durch gemeinsame Eigenschaften charakterisiert sind.

Meyer 90, S. 56

Die Bildung von Klassen stellt ein wesentliches Konzept zur Definition von Objekten dar. Die Menge aller in einem system auftretenden Objekte werden in Klassen gleichartiger Objekte zusammengefaßt. Die Objekte einer Klasse besitzen die gleiche Struktur der Daten und die gleiche Menge an Operationen auf den Daten.

Schönthaler, Németh 90, S. 257

Eine Klasse beschreibt die Eigenschaften einer Gruppe von Objekten. Sie legt die Datenstruktur der Objekte, sowie die auf die Objekte anwendbaren Operationen fest und dient zur Einrichtung dieser Objekte.

Fiedler 91, S. 42

Die Beschreibung gleichartiger --> Objekte wird Klasse genannt. Sie besteht im einfachsten Fall aus der Beschreibung der Variablen (Datenstruktur) und der Methoden, über die jedes Objekt der Klasse verfügt.

Ludwig, Kurz 91, S. 410

Klassen dienen als Baupläne für die Erzeugung gleichartiger Objekte. Dazu ist es erforderlich, daß Klassen eigene Methoden und klassenspezifsche Eigenschaften besitzen. Klassen sind selbst aber wiederum Objekte. Das in der **objektorientierten Programmierung** verwendete Klassenkonzept, ist hierarchisch, d. h. es gibt eine Klassenstruktur, die festlegt, welche Klasse Oberklasse einer anderen ist.

Otto 91, S. 57

Klassifikation

(classification; allgemeines Abstraktionskonzept, --> Frame)

Das Konzept der Klassifikation faßt Objekte mit gleichen Eigenschaften in sog. Objektinstanzen. Zwischen dem Objekt und seinem Objekttyp besteht dann eine "Instance-of" Beziehung.

Mitschang 88, S. 57

Unter Klassifikation ist die Zerlegung einer Gesamtheit von Individuen (als Situationen und Objekte und somit als Muster) in Teilgesamtheiten zu verstehen, so daß jede der Teilgesamtheiten möglichst "homogen" ist, die Teilgesamtheiten untereinander aber möglichst "heterogen" sind.

Bünger 88, S. 26

(Begriff aus der Objektorientierung)
Objekte, die gemeinsame Merkmale haben, werden zu Klassen zusammengefaßt.
Breutmann, Burkhardt 92, S. 61

Klassifizierung, nichtmetrische

Die im allgemeinen notwendigerweise zu berücksichtigende Vielzahl von -->
Methoden und die unterschiedliche Wertart (Modus) dieser Merkmale führen zu
einer insgesamt betrachtet nichtmetrischen Objektbeschreibung, der nichtmetrischen
Klassifizierung.   *Belke, Grainchen, Stairus 79, S. 3*

klassische Logik

--> Logik

Klausel

Eine Klausel ist ein prädikatenlogischer Ausdruck aus negierten und nichtnegierten
elementaren Aussagen (Literale, die durch den logischen Operator "oder" verknüpft
sind (--> Hornklausel).   *Ludwig, Kurz 91, S. 394*

kleine Wissensysteme

--> Wissenssysteme

Knoten

Sie repräsentieren die einzelnen Objekte und Instanzen, Methoden, Attribute und
Attributwerte des darzustellenden Wissens.   *Ludwig, Kurz 91, S. 428*

Knowledge Akquisition

--> Wissenserwerb

Knowledge Base

--> Wissensbasis

Knowledge Elication

Einsatz von Techniken im Interaktionsprozeß mit dem Experten zur Wissensakquisition.   *Ludwig, Kurz 91, S. 394*

Knowledge Engineer

--> Engineer

Knowledge

--> Wissen

Knowledge Based System
--> Wissensbasiertes System

Knowledge Engineering
--> Engineering

Knowledge Representation
--> Wissensrepräsentation

Knowledge System
--> Wissenssystem

Kompatibilität
(äußerer Softwarequalitätsfaktor)
Kompatibilität ist das Maß der Leichtigkeit, mit der Softwareprodukte mit anderen verbunden werden können.   *Meyer 90, S. 5*

komplexes Objekt
--> Objekt

Konfidenzfaktor
(certainty factor, confidence factor; subjektiver Sicherheitsfaktor, Konfidenzwert)
Eine zahlenmäßig ausgedrückte Einschätzung der Gewißheit eines Faktums oder einer Relation. Diese Zahlen verhalten sich anders als die Wahrscheinlichkeitswerte. Im allgemeinen wird beim Manipulieren von Konfidenzfaktoren methodisch weniger formal umgegangen als beim Kombinieren von Wahrscheinlichkeiten. Die meisten regelbasierten Systeme bevorzugen Konfidenzfaktoren (Certainty Factors) gegenüber Wahrscheinlichkeitswerten.   *Behrendt 90b, S. 386*

Konfiguration
Im weiteren Sinne versteht man darunter Produkte, die selbst wieder aus verschiedenen Komplexen Produkten bestehen.   *Kiefer 88, S. 72*

Sie baut auf der Basis umfangreichen Strukturwissens aus elementaren Bauteilen komplexe Objekte zusammen. Die Einhaltung von Restriktionen z.B. technischer Art wird durch eine Constraint-Komponente während des Konfigurationsprozesses permanent überwacht.   *Krallmann 87, S. 33*

Konfigurieren

Tätigkeit des Auswählens von zueinander passenden Elementarobjekten (nicht-zusammengesetzte bekannte Objekte einer Konfigurierungsaufgabe).

Hein, Tank 90, S. 79

Konfigurierung

Der Vorgang der Konfiguration wird durch die Auswertung von Anforderungen und durch die Beachtung technischer Abhängigkeiten zwischen den Ergebnissen der Teilkonfigurationen beeinflußt, so daß im Konfliktfall Ergebnisse von Teil-konfigurationen zurückgenommen werden müssen. *Hein, Tank 90, S. 76*

Konfigurierungssysteme

Sie leiten Konfigurationen von --> Aktionen oder --> Objekten her, um eine be-stimmte Menge von Zielen zu erfüllen. Es kennzeichnet die Planung (Herleiten einer Folge von Aktionen, die einen Anfangszustand in einen gewünschten Endzustand transformieren) und Konfigurierung von Komponenten zu einem System, um eine bestimmte Aufgabe zu erfüllen. *Bullinger, Fähnrich 88, S. 27*

Sie stellen auf der Basis von Selektionsvorgängen unter Berücksichtigung von Schnittstellen, Unverträglichkeiten und parametrierten Benutzerwünschen komplexe Gebilde zusammen. *Mertens, Borkowski, Geis 90, S. 6*

Konfliktlösung

Sollten bei der Problemlösung in einer bestimmten Situation mehrere --> Regeln angewendet werden können, so benötigt man Kriterien, um eine bestimmte Regel auszuwählen. Diesen Vorgang bezeichnet man als Konfliktlösung.

Bullinger, Kornwachs 90 S. 287

Konnektionismus

Der Konnektionismus innerhalb der Künstliche Intelligenz eine einflußreiche neue Forschungsrichtung,... wie an Symbolverarbeitungsprozessen orientierten Künstliche --> Intelligenz der ersten Künstliche Intelligenz-Dekaden diametralen Forschungs-interessen und Methoden aufzuweisen scheint. *Habel 89, S. 13*

Der Konnektionismus hat sich als Alternative zu einer wissenszentrierten Betrach-tungsweise in den letzten Jahren wissensschaftlich etabliert. Konnektionismus be-schäftigt sich mit Entwurf und experimentellem Studium "künstlicher neuronaler Netze", die aus stark parallel in mehreren Schichten angeordneten adaptiven Schwellwertelementen bestehen und etwa als lernfähige Klassifikatoren für ein weites Spektrum von Erkennungsaufgaben eingesetzt werden können.

Lehmann 89, S. 56

Die Grundidee des Konnektionismus ist die hochgradig parallele Verarbeitung durch gerichtete, gewichtete Verknüpfung vieler (meist größer 1000) einfacher Verarbeitungsfunktionen. Sie kommunizieren miteinander über diese Verbindungselemente.

Der Konnektionismus ist eine --> implizite Repräsentation. Die Form der Modellierung stützt sich auf Forschungsergebnisse der Neurophysiologie.

Das Wissen ist in einem konnektionistischen System verteilt, im Netz gespeichert und wird durch die implizite Struktur und Wichtung von Verarbeitungsfunktionen und Verbindungselementen festgelegt. Dabei kommt dem Wichten der Verbindungen (dem --> Lernen) im konnektionistischen System entscheidende Bedeutung zu. *atp 2/90, S. 7; Ludwig, Kurz 91, S. 396*

konsistentes Schedule
--> Schedule

Konsistenz
(consitency, sementic, integrity)
Konsistenz ist die Freiheit von Widersprüchen innerhalb einer Datenbank. Diese Widerspruchsfreiheit ist dann gegeben, wenn der Inhalt einer Datenbank alle vordefinierten Konsistenzbedingungen erfüllt. *Zehnder 89, S. 26*

Sie bezieht sich auf die korrekte Verarbeitung von Operationen durch das --> Datenbanksystem selbst - vor allem im Hinblick auf parallel ablaufende, um die selben --> Objekte konkurrierenden Operationen. *Dadam 80, S. 7*

Konstruktgitter-Verfahren
(rule-costruct-repertory-test, repertory-grid-test)
Konstrukt-Gitter-Techniken ... unterstützen die Objektstrukturierung.
Diederich 88, S. 220

Das Konstruktgitterverfahren ist ein Wissensakquisitionsverfahren mit dem der Experte Konzepte und Relationen seiner --> Domänen identifizieren, formalisieren und strukturieren kann. Das Konstruktgitterverfahren geht auf die "Theorie der persönlichen Konstrukte" (Personal Construct Theorie) des amerikanischen Psychologen Georg Kelly zurück und wurde in den fünfziger Jahren im Bereich der klinischen Psychologie entwickelt. Die darauf aufbauende Untersuchungstechnik ist der "repertory grid test". Das Vorgehen beim Konstruktgitterverfahren ist einfach. Es teilt sich auf in einen Erhebungsvorgang, der die Konstruktgittermatrix aufbaut und in einen Analysevorgang, der die Konstruktgittermatrix auswertet.
Düspohl 90, S. 12

Der Grundgedanke ist, daß der Experte seine zur Strukturierung der --> Domäne
verwendeten Begriffe selbst liefert: als Menge von Unterscheidungen an relevanten
Elementen, die nicht von einer Theorie vorgegeben, sondern eben persönliche
Konstrukte sind. Hiermit wird vor allem ein *neutrales* Erhebungsverfahren
angestrebt.   *Görz 93, S. 734*

Konstruktionssystem
--> System

kontexfreie Grammatik
--> Grammatik

Kontext-Parameter-Wert-Tripel
(Object-Attribute-Value triplet, context-parameter-value triplet, Objekt-Attribut-
Wert-Tripel)
Eine Methode zur --> Repräsentation von Faktenwissen. Unter Kontext versteht man
ein tatsächliches oder begriffliches Element (Entity) aus der Wissensdomäne des Be-
nutzers (z.B. ein Patient, ein Flugzeug, eine Ölquelle). Parameter sind
Eigenschaften, die mit dem jeweiligen Kontext assoziiert sind (z.B. Alter und
Geschlecht eines Patienten, Lage und Tiefe einer Ölquelle) Jeder Parameter (jedes
Attribut) kann Werte annehmen: z. B. kann der Parameter "Alter" den Wert "13
Jahre" haben.   *Behrendt 90b, S. 386*

Kontrolle, aktionszentriert
(action-centered control)
Ein System weist eine aktionszentrierte Kontrolle auf, wenn Prozeduren des Systems
wissen, welche untergeordneten Prozeduren zum Ausführen von Aktivitäten zu
verwenden sind.   *Winston 87, S. 152*

Kontrolle, anfragezentriert
(request-centered control)
Ein System erweist sich als eine anfragezentrierte Kontrolle, wenn die Prozeduren
des Systems ihre eigene Zweckbestimmung kennen, so daß sie auf Anforderungen
reagieren können.   *Winston 87, S. 155*

Kontrolle, objektzentriert
(object-centered control)
Ein System weist eine objektzentrierte Kontrolle auf, wenn die Klassen-
beschreibungen des Systems angaben, wie mit Gegenständen in ihrer eigenen Klasse
umzugehen ist.   *Winston 87, S. 153*

Kontrollstrategie

--> Inferenzmechanismus

Die Kontrollstrategie hat in der --> Diagnostik neben der effizienten Systemauswertung auch die Aufgabe, gegebenenfalls zusätzliche Symptome zur Überprüfung von Verdachtsdiagnosen anzufordern. Die wichtigsten Strategien sind: --> Vorwärtsverkettung, --> Rückwärtsverkettung,   --> Establish-Refine und --> Hypothesize-and-Test.

Puppe 91, S. 78

Kontrollregeln

--> Regeln

Kontrollwissen

--> Wissen

Konzept

Unter einem Konzept wollen wir alle konkreten und abstrakten Dinge verstehen, die Beschreibungsgegenstand sind und worüber deshalb Aussagen vorliegen.

Ein Konzept ist ein 3-Tupel (Konzeptname, Extension, Intension). Die Extension ist die Menge aller --> Objekte, die zu dem Konzept gehört, während die Intension die Merkmale angibt, die ein Objekt aufweisen muß, um zu dem Konzept zu gehören. Diese Merkmale nennen wir auch Konzeptmerkmale.

Reimer 91, S. 17

Koordinierungsmechanismus

--> Concurrency-control

Korrektheit

Korrektheit ist die Fähigkeit von Softwareprodukten, ihre Aufgabe exakt zu erfüllen, wie sie durch Anforderungen und Spezifikation definiert sind.

Meyer 90, S. 3

Künstliche Intelligenz

--> Intelligenz

Kurzzeitrecovery

--> Recovery

Kybernetik

Kybernetik läßt sich definieren als die Wissenschaft von den Informationsstrukturen im technischen und außertechnischen Bereich, wobei es allgemein um die Regelung, Informationsübertragung und Informationsverarbeitung geht. Je nach Anwendungs-

fall unterscheidet man dabei verschiedene Formen der Kybernetik wie z.B. die Biokybernetik, die Ingenieurkybernetik, die Soziokybernetik oder Sozialkybernetik.
Hartmann, Lehner 90, S. 7

Ladelering
(Wissenserwerbsmethode)
Im Ladelering werden taxonomische Relationen zwischen generischen Konzepten eines Problemfeldes eruiert. Dazu gehören Teil- von Beziehungen, Generalisierungsrelationen und Instanzbeziehungen.   *Diederich 88, S. 220*

Lambda-Kalkül
(lamda calculus)
Das Lambda-Kalkül von A. Church ist eine formale applikative Sprache mit theoretischen Eigenschaften.   *Tanimoto 90, S. 33*

Leistungsmodell
--> Modell

Lernen
Lernen in diesem Zusammenhang umfaßt die Entwicklung von Programmen, die durch Erfahrung lernen können. Bei diesem maschinellen Lernen geht es also um die Modifzierung der gespeicherten Wissensstrukturen in der --> Wissensbasis durch ein Programm.   *Ludwig, Kurz 91, S. 400*

Lernen, induktives
Dabei werden durch --> Deduktion aus spezifischen --> Fakten und --> Regeln in allgemeiner Form gültige neue Fakten und Regeln abgeleitet.
Ludwig, Kurz 91, S. 400

Lernen, inkrementelles
Es werden Informationen, die für einen Bereich gelernt wurden, so modifiziert, daß sie als neue Fakten in einem erweiterten Bereich zur Verfügung stehen.
Ludwig, Kurz 91, S. 400

Lernen, Maschinen-
(maschine learning)
Ein Forschungsgebiet, das sich zum Ziel gesetzt hat, Computerprogramme zu entwickeln, die durch Erfahrung lernen können. Sobald solche Programme zur Verfügung stehen, wird damit eines der Haupthindernisse für die Entwicklung sehr großer --> Expertensysteme aus dem Weg geräumt werden können.
Harmon, King 89, S. 295

Lernen, wiederholendes

Man versteht darunter das direkte Abspeichern ohne Ableitung allgemeingültiger
Fakten und Regeln.   *Ludwig, Kurz 91, S. 400*

Lernfähigkeit

Unter Lernfähigkeit versteht man dabei allgemein die Eigenschaft, daß aus Erfahrungen gewonnene --> Fakten und Resultate zu einer Modifizierung und Erweiterung des vorhandenen Wissens führen.   *Hartmann, Lehner 90, S. 13*

LISP

Abkürzung für "list processor", eine problemorientierte höhere Programmiersprache,
speziell zum Be- und Verarbeiten von Listen oder Zeichenketten geeignet.
Ein wesentliches Einsatzgebiet von LISP ist die Entwicklung von   --> Expertensystemen. Für das effiziente Verarbeiten von LISP-Programmen wurden eigene Da-
tenverarbeitungssysteme (LISP-Maschinen) entwickelt. Ein besonders für interaktive Programmierung geeigneter Dialekt von LISP ist die Sprache INTERLISP.
                                                            Bullinger, Fähnrich 88, S. 183

Diese listenverarbeitende Sprache wurde speziell für die Verarbeitung von
Symbolen und nicht für die Manipulation von Zahlenwerten konzipiert. Ein Lisp-
Datenelement besteht aus einer Liste von Symbolen, mit denen jedes beliebige
Objekt, einschließlich seiner eigenen Listenverarbeitungsfunktionen, dargestellt
werden kann. Ein Lisp-Programm besteht im wesentlichen aus einer Ansammlung
voneinander unabhängiger Prozeduren, die als Funktionen bezeichnet werden.
                                                                    Behrendt 90b, S. 387

Lisp, Common

Ein als Lisp-Standardversion vorgeschlagener Lisp-Dialekt, der auf vielen verschiedenen Maschinen lauffähig sein soll.   *Behrendt 90b, S. 383*

Lösungsraum

--> Suchraum;   --> Aufgabenlösungsraum

Log, history

Als history Log oder auch nur als Log wird in der Literatur häufig ein mit Sicherheit konsistentes --> Schedule bezeichnet, das in vielen Fällen aber erst dann vorliegt, wenn die Transaktion bereits ausgeführt wurde.   *Dadam 80, S. 10*

Logik

Ein System, das für die Manipulation von Symbolen --> Regeln vorgibt. Zu den
verbreitetsten Logiksystemen, die ausreichend mächtig sind, um auf Wissensstruk-

turen angewandt zu werden, zählen die Aussagenlogik und die Prädikatenlogik
erster Ordnung.   *Harmon, King 89, S. 295*

Formale, symbolische Sprache mit syntaktischen Ableitungsregeln für Aussagen.
                                                                      atp 2/90, S. 8

Eine wichtige Leistung der Logik ist es, einen Formalismus zur Automatisierung des
deduktiven Schließens bereitzustellen. ... Die logischen Formalismen gestatten es,
durch rein syntaktische Operationen über Zeichenketten aus bestimmten Aussagen
andere interessierende Aussagen abzuleiten. ... Es ist ein besonderer Vorzug
logischer Systeme ..., daß sie formale Aspekte und inhaltliche Aspekte klar
voneinander trennen.   *Helbig 91, S. 39*

Logik, Aussagen-

Anwendung der zweiwertigen Logik auf elementare Aussagen.
Die Aussagenlogik ist eine zweiwertige Logik. Elementare Aussagen <Literale>
besitzen keine innere Struktur, sondern werden stets als elementare Einheiten
aufgefaßt, denen direkt die Wahrheitswerte "wahr" oder "falsch" zugeordnet sind.
Mittels logischen Operatoren (und, oder, nicht, impliziert, äquivalent) können
komplexere Aussagen zusammengesetzt werden.   *atp 2/90, S. 8*

Logik, Fuzzy-

eine --> Methode, unsicheres --> Wissen zu verarbeiten (unscharfe Logik). Bei un-
scharfem Wissen, d.h. wenn eine Variable gleichzeitig mehr als 1 Wert annehmen
müßte.   *Ludwig, Kurz 91, S. 435*

Logik, klassische

Bei der klassischen Logik gibt es nur die beiden Wahrheitswerte "wahr" oder
"falsch" (zweiwertige Logik) wie z.B. die Aussagenlogik und Prädikatenlogik.
                                                            Ludwig, Kurz 91, S. 401

Logik, mathematische

Die mathematische Logik definiert eine formale, symbolisierte --> Sprache, in der
elementare Aussagen formuliert und mittels logischer Operatoren zu komplexeren
Aussagen kombiniert werden können. Sie beschreibt außerdem --> Regeln zur
syntaktischen Ableitung von neuen Aussagen aus einer Menge von vorgegebenen
Aussagen. Ein Verfahren, das feststellt, ob eine bestimmte Aussage aus einer
vorgegebenen Aussagenmenge mit den vorhandenen Ableitungsregeln hergeleitet
werden kann, wird als Beweisverfahren bezeichnet.   *Ludwig, Kurz 91, S. 402*

Logik, Modal-

Die Modallogik stellt eine Erweiterung der --> klassischen Logik um die dualen Begriffe der Möglichkeit und der Notwendigkeit dar. Diese Erweiterung ist jedoch tiefgreifender als die Erweiterung der --> Aussagenlogik zur --> Prädikatenlogik, da die Modallogik nicht mehr wahrheitsfunktional ist.
Der Modallogik wird zumeist der Begriff der Möglichkeit zugrundegelegt. Er wird eine Aussage vorangestellt und gibt ihr damit die entsprechende Modularität.

Ludwig, Kurz 91, S. 405

Logik, Prädikaten-

(Predicate Calculus; Prädikatenkalkül)
Eine Erweiterung der Aussagenlogik. In der Prädikatenlogik wird jede elementare Einheit als Objekt bezeichnet. Aussagen über Objekte werden Prädikate genannt.

Behrendt 90b, S. 388

Sie berücksichtigt mehr die innere Struktur der Aussagen (durch Prädikatensymbole und Quantoren). In der Prädikatenlogik werden Sachverhalte durch Formeln dargestellt.
Die Prädikatenlogik ist eine zweiwertige Logik (--> klassische Logik). Elementare Aussagen sind neben den Konstanten "wahr" und "falsch" Ausdrücke, die aus dem Namen eines Prädikates und dazugehörigen Argumenten bestehen. Ein Prädikat steht dabei für eine Eigenschaft des Argumentes (einstelliges Prädikat). Die Argumente denotieren Elemente einer vorgegebenen Welt von Objekten bzw. Individuen. Im Gegensatz zur Aussagenlogik sind elementare Aussagen der Prädikatenlogik also nicht atomar, sondern besitzen eine innere Struktur.

Ludwig, Kurz 91, S. 415

logisch-deduktives Schließen
--> Schließen

logische Programmiersprache
--> Programmiersprache

lokaler Deadlock
--> Deadlock

Maschinenlernen
--> Lernen

mathematische Logik
--> Logik

menschliche Informationsverarbeitung
--> Informationsverarbeitung

mentale Modellierung
--> Modellierung

Merkmal
Ein Merkmal ist eine bestimmte Eigenschaft, die zum Beschreiben und Unterscheiden von Gegenständen einer Gegenstandsgruppe oder von Gegenstandsgruppen
untereinander dient.   *DIN 6763, S. 4*

Meta-
Diese Vorsilbe weist darauf hin, daß ein Begriff in einer selbstbezüglichen Weise
verwendet wird. Demgemäß ist eine Metaregel eine Regel über andere Regeln.
                                                                     Behrendt 90b, S. 387

Meta-Kognition
--> Wissen

Metawissen
--> Wissen

Methode
(beim --> Software-Engineering)
Eine Methode ist eine planmäßig angewendete Vorgehensweise zur Erreichung
festgelegter Ziele. Die Ergebnisse einzelner Methoden werden jeweils in einer
bestimmten Form repräsentiert, die auch als Spezifikationssprache bezeichnet wird.
                                                                        Kruck 87, S. 10

Eine Methode ist ein --> System von --> Regeln, welches das planmäßige und
folgerichtige Vorgehen beim Erarbeiten oder zielgerichteten Verändern von
Programmen bestimmt.   *Lindner, Trautloft 87, S. 42*

Der Begriff "Methode" kommt aus dem griechisch-latainischen und steht für ein: auf
ein Regelsystem aufbauendes Verfahren, das zur Erlangung von (wissenschaftlichen) Erkenntnissen oder praktischen Ergebnissen dient.
                                                                     Sieverding 90, S. 18

Unter Methode verstehen wird das gedankliche Rüstzeug, das die Vorgehensweise
in einem Projekt sowie Form und Inhalt der zu erzielenden Ergebnisse bestimmt.
                                                                        Denert 91, S. 16

Methode, Entwurfs-

Eine Entwurfsmethode ist ein System von Regeln, das das planmäßige Vorgehen beim Entwerfen von Algorithmen aus einer gegebenen Spezifikation bestimmt.

Lindner, Trautloft 87, S. 78

Methode, wissensbasierte

Unter "wissensbasierten Methoden" soll die --> Repräsentation von --> Wissen in einer geeigneten Form für die Verwendung eines allgemein formulierten, symbolischen Schlußfolgerungsprogramm verstanden werden.   *Schumacher 90, S. 57*

Mittel-Zweck-Analyse

(means-ends analysis)
Wir wollen eine Behandlungsmethode der Probleme betrachten, bei der Prozeduren gemäß ihrer Fähigkeit ausgewählt werden, die Differenz zwischen dem aktuellen Zustand und em Zielzustand zu reduzieren. Diese Methode wird   Mittel-Zweck-Analyse genannt. Der General Problem Solver - GPS - ist eine Metapher, die eine auf die Mittel-Zweck-Analyse aufgesetzte Kontrollstrategie bestimmt.

Winston 87, S. 165

Mid-run Explanation

(Erklärung mitten im Ablauf)
Die Eigenart eines Computerprogramms, auf Verlangen anzuhalten und zu erklären, wo es sich gerade befindet, was es gerade tut und was es als nächstes tun wird. --> Expertensysteme können in der Regel während des Ablaufs angehalten und befragt werden, während dies bei konventionellen Programmen nicht möglich ist. Die --> Erklärungskomponente kann auch am Ende einer Konsultation (Dialog mit dem Expertensystem) erklären, wie es zu diesem Ergebnis gekommen ist.

Behrendt 90b, S. 387

Modallogik

--> Logik

Modell

Eine Abbildung eines bereits real existierenden oder geplanten oder gedachten Objekts oder Systems.
2 Typen:
a) physisch nicht existierende Modelle, Entwurfs- und Planungsmodelle,
b) existierende Modelle, Simulation, Prognose, Steuerung.

Krückeberg, Spaniol 90, S. 403

Ein Modell bestimmt Ausschnitte aus der Realität. Nur diese Ausschnitte können mit den Begriffen des Modells beschrieben werden, z.B. durch die Repräsentationssprache, die zum Modell gehört. Das Modell legt fest, welche Arten von --> Objekten aus der Realität und welche ihrer Eigenschaften man betrachten kann, welche Objekte überhaupt unterschieden werden können. (--> Wissensmodell)
Reinecke 90, S. 122

Ganz allgemein versteht man unter Modellen Darstellungen, Muster oder Schemata, die sich auf ein bestimmtes (System-) Original wie z.B. Phänomene, Dinge, Ereignisse, Handlungen, Prozesse oder Sachverhalte beziehen.
Für die Entwicklung eines Modells ist ein komplexes Ganzes hinsichtlich seiner Komponenten, deren Beziehungen untereinander sowie der möglichen Eigenschaften sowie der Zustände der Komponenten zu strukturieren. Die Strukturierung erfolgt zweckorientiert, d.h. es werden nur die Komponenten und Beziehungen des Originals abgebildet, die im Hinblick auf den Anwendungszweck erforderlich sind.
Schäfer 90, S. 20

Ein Modell ist eine Darstellung eines Untersuchungsgegenstandes, das in wichtigen Eigenschaften mit diesem übereinstimmt. Man unterscheidet gegenständliche, sprachliche, graphische und formale Modelle.
Sieverding 90, S. 8

Vereinfachte Darstellung der Funktion eines Gegenstands oder des Ablaufs eines Sachverhalts, die eine Untersuchung oder Erforschung erleichtert oder erst möglich macht.
Duden Bd. 5 91, S. 90

Modell, Aktor-

(actor model)
Im Aktor Modell von Hewitt werden alle Programmkomponenten als einzelne kleine Module (actors) aufgefaßt. Aufrufe und Sprünge in Programmen entsprechen dem Senden und Empfangen von Botschaften anderer Aktoren.
Schnupp, Leibrandt 88, S. 127

Modell, Anwendungs-

Das Anwendungsmodell bildet das Grundgerüst für die weitere Entwicklung des --> wissensbasierten Systems und basiert auf einer Problem-Teilproblem-Struktur. Es ist der Informationsrahmen, innerhalb dessen die im Zuge der weiteren Systementwicklung von den Fachleuten erhobenen Informationen bewertet, klassifiziert und zu einer detaillierten Problemlösungsstrategie zusammengesetzt werden, ein empfangsbereites Netz für die ankommenden Informationen.
Böhnke 90, S. 199

Modell, Assoziations-

Modelle menschlichen Gedächtnisses, die assoziative Beziehungen vorsehen. Assoziationsmodelle lassen sich leicht bildlich als Netzwerke veranschaulichen, in denen Knoten für Konzepte und Kanten für assoziative Beziehungen zwischen den Konzepten stehen.

Reimer 91, S. 79

Modell, empirisches

Beim empirischen Modell wird nur das Ein- und Ausgangsverhalten der Anlage als "Black-box" statisch analysiert. Die Vorteile liegen in der hohen Genauigkeit und dem geringen Rechenaufwand, die Nachteile in dem engen Arbeitsbereich, den fehlenden Extrapolationsmöglichkeiten und der dadurch bedingten fehlenden Reaktion auf Störfälle.

Soltysiak 89, S. 119

Modell, Funktions-

Modellierung der inneren Zusammenhänge und Wirkungsweise.

Ludwig, Kurz 91, S. 384

Modell, Informations-

--> Datenmodell

Modell, Leistungs-

Nachbildung der äußeren Erscheinungsform und Ergebnisse.

Ludwig, Kurz 91, S. 399

Modell, operationales

Ein wohlorganisiertes Softwaresystem kann als ein operationales Modell eines bestimmten Aspektes der Welt betrachtet werden. Operational deshalb, weil es zur Erzeugung praktischer Ergebnisse benutzt wird und manchmal auch, um diese Ergebnisse an die Welt rückzukoppeln; Modell deshalb, weil jedes nützliche System auf einer bestimmten Interpretation gewisser Erscheinungen der Welt beruhen muß.

Meyer 90, S. 55

Modell, Partial-

Es beschreibt alle logisch zusammengehörigen Aufgabenbereiche.

Sieverding 90, S. 26

Mittels Partialmodellen werden die kontextsensitiven Daten und Informationen der unterschiedlichen Arbeitsprozesse, etc. in strukturierter Form zusammengefaßt, z.B. Funktions-, Geometrie-, Werkstoff, Technologie- und Kostenmodell. Der Vorteil dieser Vorgehensweise liegt in der gleichzeitigen Berücksichtigung konkurrierender Optimierungssichten in --> wissensbasierten Systemen u.ä.

Jäger 91, S. 303

Modell, Phasen-

- Hilfsmittel der organisierten Software-Erstellung,
- mit einem Phasenmodell wird die Programmentwicklung grob in Einzelschritte wie
  Anforderungsspezifikation, Programmentwurf, Implementierung, Test und Wartung sowie Weiterentwicklung zerlegt (je nach Methodologie gibt es unterschiedliche Vorstellungen der genauen Phasentrennungen).   *Coy, Bonsiepen 89, S. 122*

Modell, Produkt-

Ein Produktmodell beschreibt alle "relevanten" Eigenschaften eines Produktes. Je
nach der Aufteilung der Modelleigenschaften auf ein oder mehrere Teilmodelle liegt
ein integriertes oder verteiltes (--> Phasenmodell) Produktmodell vor. ... Das
Produktmodell ... ist in --> Partialmodelle zerlegt.   *Sieverding 90, S. 26*

Ein Produktmodell umfaßt objektspezifische Daten, die das --> Objekt vollständig
beschreiben und eine spezifische Struktur der Daten, um sie geordnet abzulegen und
wiederzufinden.
Es ist Bestandteil des rechnerinternen Modells.   *Rugenstein 90, S. 22*

Der Begriff "Produktmodell" repräsentiert die rechnerinteren strukturierte
Zusammenfassung aller Einzelinformationen über ein Produkt ... . Das
Produktmodell kann als das datenorientierte --> Wissen über ein Produkt in einem
Betrieb aufgefaßt werden ... . Produktmodelle setzen sich aus mehren
Partialmodellen zusammen.   *Mertens, Heiden 92, S. 1*

Modell, Prozeß-

Darstellung eines --> Prozesses aufgrund der Ergebnisse einer Prozeßidentifikation
oder aufgrund bekannter physikalischer Gesetze oder getroffener Annahmen.
Das Prozeßmodell darf sowohl in **mathematischer** als auch in **gegenständlicher**
Form dargestellt werden.   *DIN 66201, Teil 1, S. 1*

Modell, qualitatives

Qualitative Modelle erlauben unter Umständen auch eine --> Diagnose
unvorhergesehener Situationen, erfordern jedoch einen hohen Aufwand und
versagen bei der Modellierung komplizierte Zusammenhänge.
                                                            Balzer, May, Starke 92, S. 38

Modell, quantitatives

Mit Hilfe quantitativer Modelle sind auch komplizierte Zusammenhänge formu-
lierbar, Probleme der Parameteridentifikation und Echtzeitfähigkeit erschweren aber
ihren praktischen Einsatz.   *Balzer, May, Starke 92, S. 38*

Modell, Spread-sheet

Simulationsmodell für die Wirtschaftlichkeit eines Expertensystems.

Bullinger, Kornwachs 90 S. 290

Modell, theoretisches

(Prozeßmodell der Prozeßleittechnik)

Sie werden auf der Grundlage von physikalischen und chemischen Zustandsgleichungen aufgestellt. Die Vorteile liegen in der Simulationsmöglichkeit und der Berechnung von nicht meßbaren Größen, die Nachteile in der hohen Rechnerbelastung, dem hohen Entwicklungsaufwand, der beschränkten Aussagekraft wegen Annahmen zur Vereinfachung und den schwer bestimmbaren Parametern von Nebenbedingungen.

Soltysiak 89, S. 119

Modell, Wissens-

--> Wissensmodell

modellbasierte Diagnose

--> Diagnose

modellbasiertes System

--> System

modellbasierte Wissensakquisition

--> Wissensakquisition

Modellbildung

Im Zusammenhang mit Informations- und Datenbanksystemen besteht die Modellbildung darin, daß wir gewisse Dinge der realen Welt als --> Objekte, sogenannte Entities ansehen, zwischen denen gewisse Beziehungen bestehen. Solche Entities können sein: Personen, Orte, Gegenstände, Begriffe, Ereignisse oder beliebige andere reelle und abstrakte Dinge, die für die Beschreibung der Aufgabenstellung des Experten von Bedeutung sind.

Böhnke 90, S. 200

ist der Entwurf von Modellen; die Abbildung von --> Objekten und --> Systemen, wobei für die Betrachtung wesentliche Eigenschaften erhalten bleiben sollen.

Krückeberg, Spaniol 90, S. 403

modellgestützte Diagnostik

--> Diagnostik

Modellieren, operationales
--> Modellierung

Modellierung, behavioristische
Bei der behavioristischen Modellierung liegt der Schwerpunkt auf dem -->
Leistungsmodell.   *Ludwig, Kurz 91, S. 406*

Modellierung, flache
bildet die inneren Zusammenhänge des repräsentierten --> Wissens nicht oder nur
höchst mangelhaft ab. Als typisch für flache kann die Formalisierung eines
Konfigurationssystems angesehen werden, wo üblicherweise weder Entstehung noch
ökonomische, noch technische Zusammenhänge in resultierenden Regeln erkennbar
sind.   *Coy, Bonsiepen 89, S. 142*

Modellierung, funktionale
Funktionale Modellierung ist die Deduktion von Wirkprinzip und Gestalt mit Hilfe
der Beschreibung von Funktionen und funktionalen Abhängigkeiten der zu
entwickelnden Lösung durch den Konstrukteur unter Einhaltung der für die
Problemstellung geltenden Randbedingungen.   *Benz 90, S. 6*

Modellierung, mentale
Bei mentaler Modellierung liegt der Schwerpunkt auf dem --> Funktionsmodell.
                                                             Ludwig, Kurz 91, S. 406

Modellierung, operationale
Wenn man Softwareentwurf als operationales Modellieren (operationale
Modellierung) versteht, ist objektorientierter Entwurf ein natürlicher Ansatz. Die zu
modellierende Welt besteht aus Objekten (Geräte, Flugzeuge,...) und es ist
angebracht, das Modell um die Computerdarstellung dieser Objekte herum zu
organisieren.   *Meyer 90, S. 55*

Modellierung, tiefe/kausale
Es wird dabei eine vollständige, gewissen Ansprüchen an kausale Erklärbarkeit
genügende --> Wissensrepräsentation angestrebt.   *Coy, Bonsiepen 89, S. 142*

Modul
Ein Modul ist eine Zusammenstellung von logisch zusammengehörigen Codes, der
Teil eines Programmes ist. Ein Programm erfüllt generell eine Hauptaufgabe,
besteht dabei aus einem oder mehreren Moduln und kann Teil eines größeren Systems sein.   *Hughes, Michtom 85, S. 31*

natürlichsprachliches System
--> System

neuronales Netz
--> Netz

Netz, neuronales
Die Grundlage des --> Konnektionismus sind die sogenannten neuronalen Netzwerke. Diese sind eine neuartige Modellvorstellung der --> Informationsverarbeitung mittels Prozessoren, die sich in mehreren Punkten sowohl von der von Neumann Architektur unterscheidet, als auch vom geschilderten Aufbau der meisten in der --> KI verwendeten Programme. Diese Modellvorstellung ist zunächst unabhängig von ihrer Realisierung, legt aber auch eine neue Art von Hardware nahe. Die Informationsverarbeitung geschieht durch eine große Anzahl von relativ einfachen Prozessoren, die in einem dichten Netzwerk miteinander verbunden sind. Diese Prozessoren (auch Units genannt, andere gebräuchliche Namen sind Verarbeitungselemente - processing elements -, künstliche Neuronen oder Knoten - nodes -) arbeiten lokal, jeder für sich allein, und kommunizieren mit anderen Units nur via Signale, die sie über die Verbindungen senden. *Dorffner 88, S. 15*

Netz, Petri-
--> Petri-Netz

Netz, semantisches
(semantic net, semantic networks; semantisches Netzwerk, eine strukturierte Darstellung, --> Netzwerk)
Häufig verwendete Form der Wissensrepräsentation, bei der Wissen als ein Netz von Beziehungen zwischen Objekten formuliert wird. *Savory 85, S. 31*

Eine Form der deklarativen --> Wissensrepräsentation, die weite Verbreitung gefunden hat. Unter dieser Bezeichnung fällt eine Reihe ziemlich unterschiedlicher Repräsentationsschemata, deren Ähnlichkeit vor allem in einer gemeinsamen Notation liegt. Semantische Netze sind Graphen mit gerichteten, markierten Kanten. Die Knoten stellen konzeptuelle Einheiten dar, die Kanten Relationen zwischen diesen Einheiten. Bedeutungsgemäß zusammengehöriges Wissen soll im semantischen Netz auch verarbeitungsgemäß benachbart gespeichert sein (daher werden Semantische Netze oft auch als Assoziative Netze bezeichnet). Diese Gruppierung der bedeutungsmäßig zusammengehörigen Konzepte bringt eine Einschränkung der nötigen Schlüsse mit sich. Ein Nachteil gegenüber logischen Systemen besteht darin, daß Quantifikation nur schwer darzustellen ist. *Bullinger, Fähnrich 88, S. 185*

monotones Schließen
--> Schließen

Mustererkennung
(pattern recognition, pattern matching)
Ein Verfahren, das dazu dient, ein Muster aufgrund von Merkmalen, die mit denen vorgegebener Musterklassen verglichen werden, einer dieser Musterklassen zuzuweisen. *Bullinger, Fähnrich 88, S. 183*

Mustervergleich
(pattern matching)
Diese Operation wird vom --> Expertensystem beim Absuchen seiner --> Wissensbasis durchgeführt. Durch den Suchvorgang wird festgestellt, inwiefern sich in der Wirklichkeit existierende Daten (d.h. Fragen, Probleme, Aussagen usw.) mit den in der Wissensbasis erfaßten Kenntnissen decken. *Behrendt 90b, S. 388*

MYCIN
Ein --> Expertensystem, das Mitte der siebziger Jahre an der Stanford University entwickelt wurde. Es ist ein Forschungssystem, das konzipiert wurde, um Ärzte bei der Diagnose und Therapie von Meningitis und bakteriellen Infektionen zu unterstützen. MYCIN wird oft als das erste Expertensystem überhaupt bezeichnet. Es hat andere Systeme gegeben, die viele der mit Expertensystemen assoziierten KI-Techniken verwendeten, aber MYCIN war das erste, das alle Hauptmerkmale in sich vereinigte und eine klare Trennung zwischen der Wissensbasis und der Inferenzmaschine zog. Diese Trennung führte zur anschließenden Entwicklung von EMYCIN, dem ersten Entwicklungswerkzeug für Expertensysteme.
Bullinger, Fähnrich 88, S. 184; Behrendt 90b, S. 387

Nachricht
Bei der objektorientierten --> Wissensrepräsentation werden die --> Methoden eines --> Objektes durch die Nachrichten (Botschaften) aufgerufen. Eine Nachricht beinhaltet die Angabe des Empfängerobjektes, des Nachrichtenselektors (Name der gewünschten auszuführenden Methode) und evtl. von Argumenten (der gewünschten Methode). Eine Nachricht kann (ähnlich wie ein Funktionsaufruf) einen Ergebniswert zurückliefern. Im Gegensatz zu einem Funktionsaufruf ist aber die aufzurufende Methode erst durch den Nachrichtenselektor und das aktuelle Empfängerobjekt eindeutig bestimmt.
Nachrichten realisieren damit generische Funktionen. *Ludwig, Kurz 91, S. 407*

natürlichsprachliche Schnittstelle
--> Schnittstelle

Ein Modul ist eine geordnete Menge von Programmanweisungen, die separat kompilierbar sind und ein Objektmodul erzeugen. Das Prinzip der Modularisierung (bei der Entwurfsphase des SW-Engineering) verlangt, ein Programm nicht als monolithisches Ganzes aufzubauen, sondern es als Menge austauschbarer Module (Bausteine) zu entwerfen. *Kruck 87, S. 19*

Ein Modul ist ein gedanklicher oder physischer Baustein. Ein logischer Modul, z.B. ein abstrakter Datentyp, besteht aus einem oder mehreren physischen Moduln.
Ein physischer Modul muß für praktische Anwendungen ein getrennt übersetzbares Programm sein. (Ein Programm und physischer Modul werden hier synonym verwendet.)
Logische Moduln bilden Funktionen ab, die eine Leistung anbieten (z.B. Datentypen mit Operationen). *Spitta 89, S. 65*

Jeder Operator $o_i \in O$ repräsentiert auf Grund der fachinhaltlichen Zerlegung von Objekt und Prozeß eine abgegrenzte charakteristische Ingenieurtätigkeit und wird bezüglich der Realisierung mit einem Modul (Verarbeitungsmodul) $vm_k \in VM$ identifiziert.
Charakteristische Modulmerkmale:
- abgegrenzte Funktion, die sich aus den Wechselbeziehungen zwischen objekt- und tätigkeitsbezogener Struktur ergibt,
- Schnittstelle zur Informationsbasis. Diese beschreibt Ziel- und Quellfelder für die festgelegten Informationsmengen. Der Modul hat damit nur zu den Informationen Zugriff, die zur Ausführung seiner Funktion benötigt werden,
- Schnittstelle zur Steuerebene. Diese beschreibt Steuerparameter und deren Werte, die z.B. Angaben zur richtigen bzw. nicht richtigen Funktionsausführung enthalten. *Heinze 91, S. 56*

modulares Objekt
--> Objekt

Modularisierung
Modularisierung ist die Zerlegung eines --> Softwaresystems in Moduln.
Spitta 89, S. 65

Die Aufteilung des Wissens in möglichst kleine in sich zusammengehörige Wissensstücke macht die Wissensbasis leicht veränderbar. *Puppe 88, S. 21*

Modus ponens
Eine Grundregel der Logik, die besagt: Wenn gilt: A impliziert B, und es gilt: A ist wahr, dann ist mit Sicherheit B ebenfalls wahr. *Behrendt 90b, S. 387*

Als semantisches Netz bezeichnet man unterschiedliche netzartige Repräsentationsformen zur Visualisierung oder rechnerinternen Modularisierung von Begriffssystemen oder Wirklichkeitsausschnitten. Es handelt sich bei dieser Darstellungsform um interpetierte gerichtete Graphen, deren Knoten Begriffe repräsentieren und deren Kanten mit Namen zweistelliger Relationen markiert sind.
Lehmann 89, S. 70

Semantische Netze sind netzförmige Darstellungen der Beziehungen zwischen Objekten, bei denen das --> Wissen repräsentiert wird durch eine Menge von Knoten, die ihrerseits durch gerichtete und beschriftete --> Kanten miteinander verbunden sind.
atp 2/90, S. 11

Eine Art der --> Wissensrepräsentation, bei der die --> Objekte und Werte formal als Knoten (Nodes) dargestellt und die Knoten durch Glieder (Links) oder Bögen (Arcs) verbunden werden, um die Relationen zwischen den verschiedenen Knoten anzuzeigen.
Behrendt 90b, S. 389

Ein semantisches Netz verfügt über nur zwei formale Elemente, nämlich über Knoten und gerichtete Kanten. Mit Hilfe der Knoten werden Objekte, Konzepte oder Ereignisse dargestellt, wobei die Kanten die Beziehungen zwischen den Knoten darstellen.
Silberbusch 90, S. 167

Ein semantisches Netz ist das mathematische Modell einer Menge von begrifflichen Enitäten und der zwischen diesen bestehenden kognitiven Beziehungen. Es wird in Form eines verallgemeinerten Graphen dargestellt.
Helbig 91, S. 73

Es ist nach Nilson keine eigenständige --> Wissensrepräsentation (deklarativ), sondern nur graphische Darstellung von objektorientierten --> Repräsentationen, da ein --> Knoten (Nodes) mit seinen --> Kanten (Beziehungen) zu anderen Knoten immer als --> Objekt mit seinen Eigenschaften und Werten dargestellt wird. Damit sind sie eng verwandt mit den --> Frames sowie den --> Entity-Relationsship-Modellen und sind die graphische Darstellung prädikatenlogischer Aussagen.
Semantische Netze sind netzförmige Darstellungen der Beziehungen zwischen Objekten, bei denen --> Wissen repräsentiert wird durch eine Menge von Knoten, die ihrerseits durch gerichtete und beschriftete Kanten miteinander verbunden sind.
Ludwig, Kurz 91, S. 427

Netzwerk, assoziatives

Es werden keine unterschiedlichen Typen assoziativer Beziehungen unterschieden, so daß es nur einen Kantentyp gibt. Die einzelnen Kanten sind höchstens mit numerischen Angaben beschriftet, die die Stärke der assoziativen Angaben beschriftet, die die Stärke der assoziativen Bindung anzeigen.
Reimer 91, S. 79

Netzwerk, semantisches

Das --> Modell sieht verschiedene Typen von --> Kanten für verschiedene typenassoziativer Beziehungen vor. Ein expliziter numerischer Indikator für die Assoziationsstärke entfällt dabei. Soll eine Unterscheidung verschiedener Assoziationsstärken vorgenommen werden, erfolgt dies am besten als Teil der Interpretation der unterschiedlichen Kantentypen und durch die Inferenzen, die mit ihnen möglich sind. *Reimer 91, S. 79*

nichtmonotones Schließen
--> Schließen

numerische Wissensverarbeitung
--> Verarbeitung

Oberflächenwissen
--> Wissen

Objekt
(object)

Jedes Objekt wird als Instanz einer --> Klasse (Objekttyp) aufgefaßt. Eine Klasse wird als --> **abstrakter Datentyp** verstanden, der durch **Variablen** (Attribute) und --> **Methoden** (Operatoren) beschrieben wird. Jede Klasse kann als Spezialisierung (Subklasse) einer oder mehrerer Subklassen vereinbart werden. Dabei vererbt eine Subklasse Variablen und Methoden an ihre Subklassen. *Ferstl, Sinz 90, S. 568*

Jedes Objekt beinhaltet Eigenschaften und Prozeduren. Die Eigenschaften (Attribut-Wert-Paare) stellen den **deklarativen** Teil des Objektes dar. Der **prozedurale** Teil, der durch die in einem Objekt enthaltenen Zuordnungsvorschriften, Prozeduren oder Programme gegeben ist, enthält Informationen darüber, wie Eigenschaftswerte beschafft oder aktualisiert werden können bzw. welche Informationen an andere Objekte weitergegeben werden sollen.
Das Objekt ist also **kein** statischer Datenspeicher, sondern enthält selbst informationsverarbeitende Elemente. Der prozedurale Teil ist ein wichtiges Merkmal, durch das sich die strukturierten Objekte der --> Wissensverarbeitung von den Datenstrukturen einer Datenbank unterscheiden. *Lunze, Schwarz 90, S. 102*

Objekt - ist ein Laufzeitbegriff; jedes Objekt ist ein Exemplar einer bestimmten Klasse, zur Ausführbarzeit erzeugt, und aus einer Anzahl Komponenten bestehend. *Meyer 90, S. 81*

Unter einem Objekt soll eine abgeschlossene Einheit verstanden werden, die intern lokale Daten besitzt. Diese Daten charakterisieren den Zustand des Objektes. Auf diese Daten können nur lokal für diese Einheit definierte Operationen angewandt werden. Die Ausführung dieser Operationen wird durch Ansprechen der Schnittstelle des Objektes ausgelöst. Die Schnittstelle ist die einzige Möglichkeit, mit dem Objekt in Kontakt zu treten. Das bedeutet, daß der Aufbau eines Objektes von seiner Umgebung nicht erkennbar ist.   *Schönthaler, Németh 90, S. 256*

(entspricht der objektorientierten Programmierung)
Ein Objekt in diesem Sinne ist eine vom Benutzer definierte Datenstruktur einschließlich der Operationen, die auf diese Daten ausgeführt werden.
Silberbusch 90, S. 172

Dies bezieht sich in weiterem Sinne auf materielle oder begriffliche Einheiten (Entities), die viele Attribute aufweisen. Eine Ansammlung von Attributen oder --> Regeln wird in Gruppen unterteilt, die jeweils um ein Objekt herum angeordnet werden.   *Behrendt 90b, S. 387*

(im Sinne der objektorientierten, grafischen Modellierungssprache GRAPES). Ein Objekt wird durch vier Aspekte beschrieben:
- Die Schnittstelle legt die Kommunikationsmöglichkeiten (Input/Output mit der Umgebung) fest.
- Die Statik legt die "besteht-aus"-Struktur eines Objektes fest (dieser Aspekt entfällt natürlich, falls ein Objekt nicht in Teilobjekte aufgegliedert ist).
- Die Dynamik beschreibt die den Objekten innewohnende Ablauflogik.
- Die Daten beschreiben den Zustand der Variablen des Objektes - sein Gedächtnis, das Informationen aufbewahren kann.   *Haggenmüller, Krazmeier 91, S. 16*

Objekte umfassen den funktionalen Zugriff auf **gekapselte Datenstrukturen** mittels --> Nachrichten.
Objekte beinhalten die Angabe einer Datenstruktur zusammen mit den dazugehörigen Operationen. Diese Operationen (Funktionen, Prozeduren) werden **Methoden** genannt. Die interne Datenstruktur wird vor der Umgebung verborgen. Der Zugriff auf ein Objekt kann nur über die --> Methoden erfolgen.
Methoden eines Objektes werden durch Nachrichten (Botschaften) aufgerufen.
Ludwig, Kurz 91, S. 410

Objekte sind die elementaren dynamischen Komponenten der objektorientierten Programmierung. Ein Objekt hat eigene Daten, gespeichert in seinen Instanzvariablen, und Methoden, die sein Verhalten bestimmen.   *Schmidt 91, S. 19*

Objekte einer Datenstruktur sind namentlich bezeichnete Einheiten, die stellvertretend für einen bestimmten Sachverhalt oder Zustand stehen. Objekte mit gleichen oder ähnlichen Sachverhalten bilden einen Objekttyp oder eine Objektklasse. Ein Objekt eines bestimmten Objekttyps bezeichnet man als dessen Ausprägung.

Realer oder abstrakter Gegenstand der Welt, der in einem Datenmodell beschrieben
wird.   *Spur 92, S. 30, 205*

Objekt, aktives

In --> Frame Representation Language (FRL) sind die Frames keine passiven Daten,
sondern aktive Objekte (O), die selbständig Berechnungen durchführen können.
Dadurch müssen Werte (W) nicht explizit abgespeichert werden (ökonomische
Daten halten), sondern können durch Vererbungshierarchien und zugeordnete
Prozeduren hergeleitet werden.   *Puppe 88, S. 31*

Objekt-Attribut-Wert-Tripel

(O-A-W-Tripel; Objekt-Attribute-Value Triplets)
Eine **Darstellungsmethode** für **Fakten**wissen, um die --> Datenbasis (--> Fakten)
besser zu strukturieren, ökonomisch abzuspeichern und damit Basiswissen über ihre
Verwendung auszustatten.   *Puppe 88, S. 29*

Eine Darstellungsmethode für Faktenwissen. Dies ist der allgemeinere und ge-
bräuchlichere Begriff für die --> Relationen, die in --> EMYCIN als Kontext-
Parameter-Wert-Tripel bezeichnet werden. Ein Objekt ist eine tatsächliche oder
begriffliche Einheit (Entity) in der Wissensdomäne des Benutzers (z.B. eine
Ölquelle). Attribute sind Eigenschaften, die mit Objekten assoziiert sind (z.B. Lage,
Tiefe, Produktivität). Jedes Attribut kann verschiedene Werte annehmen (z.B.
könnte das Attribut "Tiefe" einen Zahlenwert zwischen 0 und 20 000 Metern annehmen).   *Behrendt 90b, S. 388*

Objekt, komplexes oder molekulares

Darunter versteht man Konzeptrepräsentationen, die aus den --> Repräsentationen
mehrerer Konzepte zusammengesetzt sind. Auf diese Weise lassen sich alle
Angaben zu einem Konzept in einer Repräsentationsstruktur zusammenfassen und
müssen nicht durch eine Vielzahl einzelner Strukturen dargestellt werden.
                                                                     Reimer 91, S. 239

Objekt, persistentes

Persistente Objekte sind Objekte, die eine andauernde Existenz haben, d.h. eine Exi-
stenz, deren Dauer nicht durch das Ende einer Programmausführung begrenzt ist.
Persistente Objekte unterscheiden sich bezüglich anderer Eigenschaften wie z.B.
Zustand, Verhalten oder Klassenzugehörigkeit nicht von nichtpersistenten Objekten.
                                                                     Schmidt 91, S. 24

Objekt, strukturiertes

Eigenschaften von Objekten und gewisse Grundoperationen ihrer Verwendung werden zusammengefaßt (Beispiel: semantisches Netz, --> Frames). Strukturierte Objekte sind zu-nächst record-ähnliche Datenstrukturen, in denen Eigenschaften von Objekten meist mit ihren Werten zusammengefaßt sind. Die Objekte selber sind in Hierarchien angeordnet, die Teilmengenbeziehungen, Klassenzugehörigkeit ausdrücken können.
Coy, Bonsiepen 89, S. 55

objektorientiertes Programmieren

--> Programmierung

objektorientierte Programmierung

--> Programmierung

objektorientierte Sprachen

--> Sprachen

objektorientiertes System

--> System

objektorientierte Wissensrepräsentation

--> Wissensrepräsentation

Objektorientierung

Objektorientierte Darstellung plus Ansätze aus dem Programmiersprachenbereich, die Berechnungen durch Botschaftenaustausch zwischen den --> Objekten realisieren.
Reimer 91, S. 145

Objektorientierung, strukturelle

Man spricht von struktureller Objektorientierung, wenn ein Konzept für komplexe --> Objekte (natürlich samt der zugehörigen generischen Operationen) vorhanden ist; Objektidentität und strukturelle Vererbung können hinzukommen.
Dittrich 90, S. 234

Sie ist eine alternative Darstellungsform zu --> Produktionsregeln oder logischen Ausdrücken; stellen eine assoziative Wissensrepräsentationsform dar; ein Repräsentationsschema, dessen grundlegende Bestandteile entweder als Knoten oder Kanten eines gerichteten Graphen oder als Rekordstrukturen gedeutet werden können (--> semantisches Netz, --> Frames).
Lunze, Schwarz 90, S. 102

Objektorientierung, verhaltensmäßige

Verhaltensmäßige Objektorientierung liegt vor, wenn zwar komplexe --> Objekte nicht (ausreichend) unterstützt werden, aber ein Konzept zur Definition neuer Datentypen durch den Benutzer vorhanden ist. *Dittrich 90, S. 234*

Objektorientierung, volle

Volle Objektorientierung ist nur gegeben bei der Erfüllung aller folgenden Forderungen an ein objektorientiertes Datenmodell (ooDM):
- Konzept zur Modellierung komplex aufgebauter Objekte
- Konzept zur Definition neuer Objekttypen
- Konzept der Datenkapselung
- alle Objekte können eigenständig von ihren aktuellen Werten unabhängig identifiziert werden
- Konzept der Typhierarchien (eng verbunden damit die Vererbung).
Dittrich 90, S. 234

Objektzentrierung

(entspricht dem Prinzip, semantisch Nahes auch nah beieinander im Netz zu repräsentieren)
Am deutlichsten wird die Korrespondenz von Nähe in einem semantischen Netz mit semantischer Nähe jedoch daran, daß alle ein Konzept betreffenden Aussagen durch Strukturen in unmittelbarer Nähe des zugehörigen Konzeptknotens repräsentiert sind (--> semantisches Netz, --> Frames). *Reimer 91, S. 145*

operationale Modellierung
--> Modellierung

operationales Modell
--> Modell

operationales Modellieren
--> Modellierung

optimistische Verfahren
--> Verfahren

Partialmodell
--> Modell

Pattern Matching
--> Mustervergleich

persistentes Objekt
--> Objekt

Petri-Netz
Petri-Netze stellen einen graphischen Formalismus zur Beschreibung von System-verhalten mit einer präzisen formalen Semantik dar. Ein Petri-Netz ist ein bipartiter Graph, bestehend aus zwei disjunkten Knotenmengen, den Stellen und Transitionen, sowie gerichteter Kanten zwischen diesen. Im allgemeinen modellieren Stellen zustandsbezogene und Transitionen zustandsübergangsbezogene Systemaspekte.
Oberweis, Sander, Stucky 92, S. 103

Petri-Netz, gefärbtes
In höheren, gefärbten Petri-Netzen repräsentieren Stellen Relationsschemata (Prädikate). Die Markierung einer Stelle ist eine konkrete Relation. Die Menge aller Stellenmarkierungen zu einem Zeitpunkt beschreibt einen bestimmten Sy-stemzustand.
Oberweis, Sander, Stucky 92, S. 103

Phasenmodell
--> Modell

PLAKON
Das Projekt TEX-K wurde unter der Bezeichnung PLAKON: Expertensystemkern für PLAnungs- und KONfigurierungsaufgaben ... gefördert.
Zielsetzung des TEX-K Projektes, was die Entwicklung, Erprobung und betrieblichen Einführung einer Architektur von --> Expertensystemen zur --> Konfigurierung, Planung und Konstruktion für technische Systeme. Diese Zielsetzung sollte durch ein Baukastensystem zum Aufbau von Planungs- und Konfigurierungs- Expertensystemen (PLAKON) realisiert werden, das sich an den Anforderungen verschiedender Anwendungen der Industriepartner orientiert.
Strecker 91, S. 4, 5

Planen
Planen bezeichnet das Erstellen eines Handlungsplanes, der, wenn man ihn ausführt, ein vorliegendes Problem löst. Das Problem ist gegeben durch
- die Beschreibung des aktuellen Zustandes eines relevanten Teils der Welt (**Start-situation**),

- die Beschreibung von Fakten, die in einem Zielzustand gelten müssen (**Zielbe-dingungen**), und
- die Beschreibung von Handlungen, die bei Ausführung einen Zustand in einen anderen überführen (**Operatoren**).   *Hertzberg 90, S. 22*

Planung

Planung ist die Aufstellung von Aktionsfolgen zur Erreichung eines vorgegebenen Zielzustandes für bekannte oder neue Problemstellungen, damit ist Planung die Vorwegnahme zukünftigen Handelns zur Erreichung des Ziels.

Mertens, Borkowski, Geis 90, S. 32

Polymorphie

- ein wesentliches Merkmal --> objektorientierter Systeme
- charakterisiert als Eigenschaft eine bestimmte --> Nachricht, die an --> Objekte verschiedener --> Klassen gesandt wird und dort unterschiedliche Wirkungen erzeugen kann.   *Ferstl, Sinz 90, S. 572*

Ein gegebenes Programm-Element kann sich zur Laufzeit auf Exemplare verschiedener Klassen beziehen.   *Meyer 90, S. 67*

Polymorphie ist die Eigenschaft, die es erlaubt, daß sich zur Laufzeit Operationen automatisch an die Klasse (oder den Typ) ihrer Operanden (oder Parameter) anpassen. Hierfür wird auch der Ausdruck "Dynamisches Binden" gebraucht.

Endres, Uhl 92, S. 257

Polymorphismus
(Vielgestaltigkeit)

Mit Polymorphismus wird die Fähigkeit bezeichnet, daß Programmeinheiten sich während der Ausführung des Programms auf Instanzen verschiedener --> Klassen beziehen können. Polymorphen Variablen können nacheinander --> Objekte unterschiedlicher Objektklassen zugewiesen werden. Mit dieser Technik läßt sich die Flexibilität des Vererbungskonzeptes sehr weitgehend ausnutzen. Durch die so gewonnene Freiheit lassen sich jedoch Fehler bei Zuweisungen nur schwer überwachen. Daher wird diese Technik von Programmiersprachen wie z. B. Eiffel in ihrer Verwendung teilweise eingeschränkt.   *Schönthaler, Németh 90, S. 261*

Portabilität

Portabilität ist das Maß der Leichtigkeit, mit der Software-Produkte auf verschiedene Hard- und Software-Umgebungen übertragen werden können.

Meyer 90, S. 6

Prädikat
Funktion, die den Wahrheitswert (wahr oder unwahr) ermittelt. Prädikate dienen zur Auswahl einer von zwei Möglichkeiten.   *Behrendt 90b, S. 388*

Prädikatenlogik
--> Logik

Pragmatik
Sie beschäftigt sich mit dem Verhältnis des Menschen (seinen kulturellen, sozialen, psychologischen Bedürfnissen und Zwecken) zur Sprachschöpfung und -verwendung.   *Schefe 85, S. 38*

Die Pragmatik ist ein Bestandteil der --> Semiotik. Sie beschreibt die Beziehung der Sprache zum subjektiven Nutzer. Sie macht Aussagen über Zweckmässigkeit syntaktischer und semantischer Festlegungen bei der Sprachdefinition. Solche Begriffe wie: Lesbarkeit, Erlernbarkeit und Erkennbarkeit sind der Pragmatik zuzuordnen.   *Loeper, Jäckel, Otter 87, S. 37*

Prinzip
Ein Prinzip ist ein allgemeingültiger Grundsatz des Denkens oder Handelns, im Sinne einer Norm. Prinzipien sind die Grundlage von --> Methoden.
                                                                Kruck 87, S. 10

Ein Prinzip ist ein allgemeiner Grundsatz, der aus der Verallgemeinerung von Erfahrungen und/oder Gesetzen abgeleitet ist und in der theoretischen Arbeit, wie auch im praktischen Verhalten als Leitfaden dient.   *Lindner, Trautloft 87, S. 42*

probilistisches Schließen
--> Schließen

Problem
Ein Problem ist die Differenz zwischen dem Ist und einer Vorstellung vom Soll.
                                                                Vetter 90, S. 133

Problemlösen
(problem solving)
Das Problemlösen ist ein --> Prozeß, bei dem, von einem Anfangszustand ausgehend, ein Problemraum durchsucht wird, um die Reihenfolge von Operationen oder Aktionen zu identifizieren, die zu dem gewünschten Ziel führen. Erfolgreiches Problemlösen verlangt, daß man den Anfangszustand kennt, daß man weiß, wie ein akzeptables Ergebnis aussehen würde, und daß man die Elemente und Operatoren

kennt, die den Problemraum (Suchraum) definieren. Sind die Elemente oder Operationen sehr zahlreich oder schlecht definiert, dann ist man mit einem riesigen oder unbegrenzten Problemraum konfrontiert, der eine erschöpfende Suche unmöglich machen kann. *Bullinger, Fähnrich 88, S. 185*

Problemlösesystem
--> System

Problemlösungstyp
--> generischer Problemlösungstyp

Produktionsregeln
--> Regel

Produktionsregelsystem
--> System

Produktionssystem
--> System

Produktmodell
--> Modell

Programm
Programm ist ein zu Software verwendeter Begriff. Er bezeichnet die Anordnung von maschinell, d.h. durch einen Computer ausführbaren Befehlen, die eine gegebene Handlungsvorschrift (--> Algorithmus) realisieren und dazu auf bestimmten Daten operieren: Programm = Algorithmus + Daten. *Denert 91, S. 11*

Programm, Anwendungs-
Ein Anwendungsprogramm ist ein Programm, welches für einen oder mehrere Anwender oder Benutzer zur Erfüllung von einer oder mehreren speziellen DV-Aufgaben entworfen oder entwickelt wurde. *Krückeberg, Spaniol 90, S. 23*

Programm, regelbasiertes
(rulebased program, production system; --> Produktionssystem)
Ein regelbasiertes Programm ist ein Computerprogramm, das --> Wissen mit Hilfe von --> Regeln repräsentiert. *Ludwig, Kurz 91, S. 423*

Programmiersprache
1) prozedurale (problemorientierte, imperative) Sprachen (z.B. PASCAL, BASIC);
   sie arbeiten im wesentlichen mit Definitionen von Prozeduren, die der Computer
   zu befolgen hat.
2) nichtprozedurale Sprachen; SQL (deskriptiv); FCS-EPS (Planungssprache)
3) objektorientierte Sprachen; sie behandeln ihre "Objekte" - das sind Datenstrukturen plus zugehörige Operationen nach einem einheitlichen Muster.
   - LISP (funktional, applikativ); wichtigster Vertreter der funktionalen Sprache,
   - PROLOG (deklarativ, relational); deklarative Sprache; bisher als einziger Ver-
     treter in der beim Programmieren "Relationen deklariert" werden,
   - Smalltalk (direktiv); C^{++}.   *Ludwig, Kurz 91, S. 418*

Programmierung
Programmierung ist die Erstellung beliebiger linguistischer Konstrukte, durch die
die Arbeit eines Rechners gesteuert bzw. beeinflußt werden kann. Der Unterschied
zwischen Programmentwerfen und Programmkodieren kann ignoriert werden.
                                                         Stoyan 91a, S. 44

Programmierung, objektorientierte
(object-oriented programming)
Eine Programmiertechnik, die sich auf einzelne Programmelemente (Objekte)
konzentriert, die sich aus Anweisungen und Daten statt aus Prozeduren
zusammensetzen.   *Behrendt 90b, S. 388*

- Programmiermethologie seit Beginn der achtziger Jahre,
- sie geht auf das Klassenkonzept der Programmiersprache SIMULA 67 zurück und
  ist sehr stark von der Theorie der abstrakten Datentypen auf der einen Seite und
  vom Framekonzept der --> KI auf der anderen Seite beeinflußt,
- typische Vertreter: Programmiersprache SMALLTALK (außerhalb der KI) und auf
  LISP aufbauende Flavorsysteme.   *Helbig 90, S. 69*

Bei der objektorientierten Programmierung treten --> Objekte nur temporär auf
(auch transiente oder volutile Objekte genannt).   *Eisenhauer 91, S. 127*

Mit der objektorientierten Programmierung (OOP) wird eine neue Denkweise,
Paradigma, eingeführt. während in prozeduralen Sprachen wie Pascal oder C aktive
Prozeduren auf passiven Daten operieren, geht die objektorientierte Vorstellung
davon aus, daß die Datenobjekte selbst aktiv sind und miteinander kommunizieren
können. Die Objekte werden zu eigenen Prozeduren.   *Heller 91, S. 60*

Unter objektorientierter Programmierung versteht man, daß Programme so
geschrieben werden, daß sie nicht nur in Prozeduren, Funktionen oder
Unterprogrammen strukturiert sind, sondern zusätzlich in --> Objekte und -->

Klassen, wobei Objekte miteinander kommunizieren mittels ihrer Operationen (Methoden). *Endres, Uhl 92, S. 257*

Programmiersprache

Programmiersprachen sind Werkzeuge zur systematischen formalen Beschreibung von endlichen Berechnungen. Sie sind **künstliche Sprachen**, die dem Menschen gestatten, Berechnungen in einer solchen Form zu beschreiben, die von einem Rechner verstanden wird. *Loeper, Jäckel, Otter 87, S. 14*

Programmiersprache, logische

(logical programming language)
Die Entwicklung immer höherer abstrakter Maschinen bzw. immer höherer Programmiersprachen hat mit den "logischen" Programmiersprachen einen gewissen Abschluß gefunden; logische Programmiersprachen benutzen die Problemspezifikation als Programm. Der "Programmiervorgang" schrumpft im wesentlichen auf den "Spezifizierungsvorgang" bzw. das Ableiten von "algorithmisch brauchbarem Wissen". Die Exekution solcher Programme verlangt aber dementsprechend hochentwickelte Mittel, die im wesentlichen in der Anwendung eines automatischen Beweisers zur "Exekution" der Programme bestehen. *Bullinger, Fähnrich 88, S. 183*

Programmiersprache, objektorientierte

Objektorientierte Programmiersprachen bieten viele Vorteile:
- sie unterstützen die Modularisierung und die Wiederverwendung von Code,
- sie erlauben die flexible Erweiterung und Anpassung vorhandener Teile,
- sie erhöhen die Produktivität des Programmierers und die Zuverlässigkeit der Programme. *Heller 91, S. 60*

Projekt

Als ein Projekt kann jede Aufgabe bezeichnet werden, die einen definierbaren Anfang und ein definierbares Ende besitzt, die den Einsatz mehrerer Produktionsfaktoren für jeden der einzelnen, miteinander verbundenen und wechselseitig voneinander abhängigen Teilvorgänge erfordert, die ausgeführt werden müssen, um das dieser Aufgabe vorgegebene Ziel zu erreichen. *Litke 91, S. 223*

Vorhaben, das im wesentlichen durch Einmaligkeit der Bedingungen in ihrer Gesamtheit gekennzeichnet ist, wie zum Beispiel
- Zielvorgabe,
- zeitliche, finanzielle, personelle oder andere Begrenzungen,
- Abgrenzung gegenüber anderen Vorhaben,
- projektspezifische Organisation. *DIN 69901, S. 2*

Projektdenken
(als Bestandteil des Projektmanagements)
Grundlage des Projektdenkens ist ein ganzheitlicher Systemgestaltungsansatz, der
das zu gestaltende Zielsystem unter Berücksichtigung aller internen und externen
Abhängigkeiten systematisch in Teilaspekte zergliedert und in den
Gestaltungsprozeß integriert.   *Samlowski 91, S. 5*

Projektmanagement
Das Projektmanagment ist als Leitungs- und Organisationskonzept zu verstehen, mit
dem versucht wird, die vielen sich teilweise gegenseitig beeinflussenden
Projektelemente und -geschehen nicht dem Zufall oder Genialität einzelner Personen
zu überlassen, sondern sie ganz gezielt zu einem festen Zeitpunkt herbeizuführen.
                                                                    Litke 91, S. 224

Das Projektmanagement ist die Vorgehensweise zur umfassenden und übergreifen-
den Koordination der Prozesse der Systemgestaltung und der daran Beteiligten (das
Projektteam).
Das Projektmanagement, das Denken und Handeln in Projekten, ist demzufolge
diejenige Führungskonzeption, die funktionell u.a. diese dispositiven und operativen
Aufgaben umfaßt:
- Planen,
- Beschreiben aller anstehenden Aufgaben,
- Koordinieren/Organisieren,
- Menschenführung,
- Entscheidungen vorbereiten und fällen,
- Kontrollieren,
- Administrieren,
- Informieren/Kommunizieren,
- Dokumentieren,
- Risiken eingrenzen/kalkulieren.   *Samlowski 91, S. 7*

Verstand man in den Anfängen unter Projektmanagment lediglich die Planung und
Überwachung von Terminen mit Hilfe der Netzplantechnik, so umfaßt
Projektmanagment heute ein Führungskonzept, das unter Berücksichtigung
personeller, technischer, terminlicher und finanzieller Randbedingungen
Produktivität und Qualität der Softwareentwicklung sicherstellen. *Busch 92, S. 253*

Prolog
Prolog ist eine --> logische Programmiersprache, die auf den sogenannten Horn-
klauseln (spezielle Aussagen der --> Prädikatenlogik) aufbaut. Interpreter für Prolog
sind spezielle Deduktionsverfahren für solche Hornklauseln. Bestimmte Prädikate
können bei der Interpretation Nebenwirkungen (side effects) hervorrufen, wie Ein-

und Ausgabe, Veränderung des Interpreterzustands usw. Dadurch kann Prolog auch für klassische Programmieraufgaben verwendet werden.
Bullinger, Fähnrich 88, S. 185

Eine Symbolsprache oder KI-Programmiersprache, die auf der --> Prädikatenlogik beruht. Prolog ist außerhalb Nordamerikas die populärste Sprache der KI-Forschung.
Behrendt 90b, S. 388

Protokollanalyse
--> Analyse

Prototyp
In der Entwicklung von --> Expertensystemen versteht man unter einem Prototyp eine Anfangsversion eines Expertensystems - in der --> Regel ein System mit 25 bis 200 Regeln. Ein Prototyp wird entwickelt, um die Effektivität der allgemeinen Wissensrepräsentations- und Inferenzstrategien zu testen, die zur Lösung eines bestimmten Problems angewendet werden.
Harmon, King 89, S. 297

Prototyping
Prototypenbildung oder Prototyping ist eine --> Methode zur Systementwicklung, bei der möglichst früh bei einem Pilotprojekt eine erste vereinfachte Version (der Prototyp) realisiert wird, um in wichtigen, aber noch offenen Bereichen (z.B. Benutzerschnittstellen, Datenstrukturen) Erfahrungen zu sammeln. Der Prototyp ist dabei bewußt als Wegwerfprodukt konzipiert, der später durch das definitive Produkt ersetzt wird.
Vetter 90, S. 146

Prototyping bedeutet, daß bereits während der Systemplanungsphase ein anwendbares Beispielsystem erstellt wird, das die wesentlichen Merkmale des späten Endproduktes aufweist. Ziel ist es, schon möglichst früh eine anwendbare Näherungslösung zu haben, an der·man die Stärken und Schwächen des --> Systems erkennen und die Fehler gleich beheben kann.
Litke 91, S. 226

Schnelles Erstellen eines anfänglich kleinen --> Systems, das erst mit der Erfahrung im praktischen Umgang wächst und ausreift.
Ludwig, Kurz 91, S. 420

Prototyping, Rapid
Rapid Prototyping ist eine wertvolle --> Methode, einen Prototypen des --> Expertensystems zu implementieren, der es ermöglicht, die wesentlichen Funktionen des Expertensystems auszuführen, dabei aber mit einem Entwicklungsaufwand auszukommen, der erheblich unter einer konventionellen Implementierung liegt. Diese Vorgehensweise ermöglicht schnelles Reagieren auf Änderungswünsche sowohl von der Expertenseite als auch von der Anwenderseite.
Nebendahl 87, S. 57

Man versucht beim Rapid Prototyping möglichst frühzeitig eine Minimalversion des gewünschten Systems zu erstellen. Dies bedeutet konkret, daß man ein kleines System mit etwa 25 bis 50 Einträgen in der Wissensbasis erzeugt, sobald das erste Beispiel gut verstanden ist - auch wenn die Regeln noch nicht perfekt sind.
Mit dem Prototypen soll vor allem überprüft werden, ob die gewählten Formalismen problemadäquat sind; Effizienzgesichtspunkte werden zunächst vernachlässigt.

Görz 93, S. 756

Prozedur

(--> Funktion, Aufruf)
Sie ist eine fixierte Beschreibung von sequentiell ausführbaren, parametrisierten Aktionen. Die Ausführung wird durch einen Aufruf initiiert und kann durch Anfangs-Parameter variiert werden. Das Ergebnis einer Prozedur wird durch End-Parameter beschrieben.
Prozeduren, die nur einen Ergebniswert liefern, werden als **Funktionen** bezeichnet.
Ergeben sich bei der Ausführung einer Prozedur neben der Parameterübergabe weitere Auswirkungen auf die Umgebung, so spricht man von **Seiteneffekten**.
Die Prozedur stellt eine implizite, prozedurale --> Repräsentation von --> Wissen dar. Die Prozedur ist somit eine fixierte Form von Wissen, nach erfolgter Aufbereitung, Verknüpfung und Transformation.
Die Entwicklung von Prozeduren stellt das wesentliche Element bei der konventionellen Programmierung dar. Beim Aufbau von --> Expertensystemen werden sie unterlagert verwendet.

Ludwig, Kurz 91, S. 421

Ein Programmbaustein, der die zur Lösung einer Aufgabe notwendigen Anweisungen, aber nicht unbedingt alle erforderlichen Vereinbarungen umfaßt. Für den Aufruf anzugebene Ein- und Ausgangsgrößen müssen jedoch innerhalb des Programmbausteins Vereinbarungen getroffen werden. Die so vereinbarten Größen heißen formale **Prozedurparameter** (formal parameter), die ihnen entsprechenden Größen im rufenden Ausdruck heißen aktuelle Parameter (actual parameter). Fehlende, aber erforderliche Vereinbarungen müssen außerhalb des Programmbausteins getroffen werden. (Unterprogramme und üblicherweise Makros sind Prozeduren.)

DIN 44300 Teil4, S. 3

prozedurale Wissensrepräsentation

--> Wissensrepräsentation

Prozeß

Ein Prozeß ist eine Gesamtheit von aufeinander einwirkenden Vorgängen in einem System, durch die Materie, Energie oder Information umgeformt, transportiert oder gespeichert wird.   *Krückeberg, Spaniol 90, S. 46; DIN 66201 Teil1*

Prozeßmodell
--> Modell

Prozeß, Vererbungs-
Einen Prozeß, der implizite Informationen aus einer hierarchischen Struktur extrahiert, bezeichnet man als Vererbungsprozeß. *von Luck 91, S. 13*

Pruning
In --> Expertensystemen bezieht sich dieser Begriff auf den Vorgang, einen oder mehr Zweige eines Entscheidungsbaumes "abzuschneiden" oder zu übergehen. Im Verlauf einer Expertensystem-Konsultation bewirken die heuristischen --> Regeln eine Reduzierung des Suchraums, indem bestimmte Zweige (oder Regelgruppen) ausgeschlossen werden. *Bullinger, Fähnrich 88, S. 186*

PSI-Maschine
(personal sequential inference machine; --> Inferenzmaschine)
Dabei handelt es sich um einen Personalcomputer für die sequentielle Abarbeitung von PROLOG-Programmen mit folgenden Merkmalen:
- der Inferenzmechanismus beruht auf PROLOG (also sequentielle deduktive Inferenz),
- schneller Speicherzugriff für schnelles Heranholen der Argumentwerte,
- die Datenform wird mit einem sogenannten Etikett versehen, so daß extern ein Datenaustausch auf 32 Bit möglich ist, intern aber auf 40 Bit; das ermöglicht ein schnelles Prüfen der Argumentwerte,
- umfangreicher Speicherplatz für große Abarbeitungsumgebung.
Pötschke, Lunze 89, S. 30

qualitaives Modell
--> Modell

quantitatives Modell
--> Modell

Qualität, Faktoren
- äußere Qualitätsfaktoren: Korrektheit, Robustheit, Erweiterbarkeit, Wiederverwendbarkeit, Kompatibilität,
- weitere Qualitätsfaktoren: --> Effizienz, Partabilität, Verifizierbarkeit, Integrität, Benutzerfreundlichkeit. *Meyer 90, S. 3*

Qualität, Software-

Unter Softwarequalität versteht man die Menge der Eigenschaften und Merkmale, die sich auf die Eignung des Softwareproduktes zur Erfüllung gegebener Erfordernisse beziehen. *Kruck 87, S. 4; DIN 55350*

Softwarequalität:
- kann als "economical conformance to requirements" (Übereinstimmung mit den Anforderungen auf eine kosteneffektive Weise) aufgefaßt werden,
- ist die Erfüllung der Produktanforderungen, also möglichst wenig Fehler oder Defekte im fertigen Produkt,
- heißt effektive Produktion: also ein Produktionsprozeß in dem möglichst wenig Arbeit umsonst gemacht wird, und der ein Produkt hervorbringt, welches so leicht wiemöglich zu verwalten, zu warten und zu ändern ist. *Schaefer 89, S. 258*

Quantoren

Sie stellen in der Prädikatenlogik durch Verknüpfungen von Variablen, Konstanten, Funktionen und Prädikaten Aussagen her (ALL-Quantoren ($\forall$)," für alle Werte einer Aussage gilt"; Existenzquantoren ($\exists$): "für mindestens einen Wert einer Variablen gilt"). *Kurbel 89, S. 46*

Query

Frage, Fragezeichen, Zweifel *Wittmann, Klos 87, S. 177*

Eine Abfrage (Query) erlaubt einen bestimmten Ausschnitt einer --> Datenbank abzugrenzen und diesen Inhalt in geeigneter Form herauszustellen.

Zehnder 89, S. 26

Query Lanquage

(QL)
Anfragesprache. *Wittmann, Klos 87, S. 177*

Rapid Prototyping

--> Prototyping

Reasoning

--> Schließen

Reasoning about uncertainly

--> Schließen

Recovery

Das Wiederherstellen zerstörter Dateien aus den Sicherheitskopien und zusätzlichen Daten nennt man "Recovery".

Gillenson 90, S. 103

Regel

Eine Aussage über eine Relation zwischen einer Gruppe von --> Fakten. Die Relationen können definierend sein (z.B. "Wenn weiblich und verheiratet, dann Ehefrau.") oder heuristisch (z.B. "Wenn wolkig, dann Schirm mitnehmen.").

Behrendt 90b, S. 389

Eine Regel, die ein Wissenselement beschreibt, stellt vermutete Kausalbeziehungen dar. In Abhängigkeit einer Bedingung oder einer Menge von Bedingungen (WENN-Teil) erfolgt eine Schlußfolgerung oder eine Menge von Schlußfolgerungen (DANN-Teil).

König 90, S. 29

Das Regelwissen wird in Expertensystemen vorwiegend in Gestalt von Produktionsregeln der Art

(Muster) (Bedingung) --> (Zielausdruck)

spezifiziert, wobei das Muster die gleiche Grundstruktur wie --> Fakten haben muß. Bei Systemen mit logischer Orientierung sind Muster und Bedingung nicht voneinander getrennt, sondern zu einem einzigen elementaren Ausdruck verschmolzen. Er wird als logische Verknüpfung elementarer Ausdrücke dargestellt.

Helbig 91, S. 184

Eine konditionale Aussage in zwei Teile (Wenn-, Dann-Ausdrücke). Sie beschreibt einen Zusammenhang in Form mehrerer zumeist gleichberechtigter Relationen zwischen Vorbedingung (Bedingungsteil, Prämisse) und Konsequenz (Aktionsteil, Konklusion).
Jede Regel beschreibt eine Relation. Normalerweise existiert keine explizite Strukturierung der Regel, d.h. jede Regel ist prinzipiell unabhängig von anderen Regeln. Sie repräsentiert einen abgeschlossenen Teil von --> Wissen. Impliziert wird eine Abhängigkeit jedoch durch die Art der --> Inferenz im Produktionssystem sowie durch die Vermaschung von Vorbedingungen und Konsequenzen zwischen verschiedenen Regeln.

Ludwig, Kurz 91, S. 423

Regel, absolute

Dieser Ausdruck bezeichnet eine rein deduktive, gesicherte Regel, die zur Bewertung eines Sachverhalts herangezogen wird. Beispiel: Eine absolute Regel stellt fest, daß der Durchmesser eines Kreises bereits im Datenbestand erfaßt ist und veranlaßt hierauf die Berechnung der Kreisfläche und des Kreisumfangs.

Behrendt 90b, S. 383

Regel, Aussagentypen einer

Regeln unterscheiden sich in der Kompliziertheit ihrer Zusammenhänge und damit auch in der Art ihrer Auswertung. Anwendungsarten: Nachschauen in der Datenbasis, Nachschauen in der Datenbasis und Rechnen, einfacher Mustervergleich (Pattern-Matching) und komplexer Mustervergleich (Unifikation).

Ludwig, Kurz 91, S. 364

Regel, Backus-Naur-

(BNR)

Jede Backus-Naur-Regel definiert eine syntaktische Kategorie, die durch eine metalinguistische Variable bezeichnet wird. Prinzipiell besteht eine Regel aus den drei Bestandteilen:
- die durch eine metalinguistische Variable bezeichnete syntaktische Kategorie links vom Definitionszeichen,
- das metalinguistische Definitionszeichen ::=,
- die rechts vom Definitionszeichen stehende syntaktische Formel.

Loeper, Jäckel, Otter 87, S. 34

Regel, heuristische

(heuristic rules; --> Heuristik)

Regeln, mit denen die Heuristik wiedergegeben wird, die einen Experten zur Problemlösung zur Verfügung stehen. Da die ursprünglichen Heurismen des Experten möglicherweise nicht als Wenn-Dann-Regeln vorliegen, besteht eines der Hauptprobleme bei der Entwicklung eines --> Wissenssystems darin, das heuristische --> Wissen des Experten in Regeln umzuwandeln. Die Leistungsfähigkeit eines Wissenssystems beruht auf den heuristischen Regeln seiner --> Wissensbasis.

Behrendt 90b, S. 385

Regeln, mit denen die --> Heuristik wiedergegeben wird, die einem Experten zur Problemlösung zur Verfügung steht.

Ludwig, Kurz 91, S. 386

Regel, Kontroll-

Kontrollregeln steuern die Wissensverarbeitung (--> Inferenz) im Produktionssystem. Für die Kontrollregeln ist auch der Begriff --> Metawissen üblich, d.h. Wissen über die richtige Anwendung der Regeln.

Ludwig, Kurz 91, S. 398

Regeln, Produktions-

(production rules)

Häufig verwendete Form der --> Wissensrepräsentation, bei der Wissen als Anzahl von --> Regeln mit einem Wenn- und einem Dann-Teil formuliert wird. Wenn der Wenn-Teil einer Regel als erfüllt präsentiert wird, kann er für eine Beweisführung als genügend oder erfüllend verwendet werden. Es kann der Dann-Teil der Regel geschlossen werden bzw. die in ihm enthaltende Problemlöseaktivität ausgeführt werden. Mehrere Regeln können sowohl --> Vorwärts- als auch --> Rückwärtsverkettung werden.   *Savory 85, S. 31*

Unter einer Produktionsregel versteht man eine mit einer Vorbedingung versehene Aktion. Die Aktion gilt als ausführbar, wenn die Vorbedingung erfüllt ist. Die Vorbedingungen beziehen sich auf eine --> Faktenbasis.   *Reimer 91, S. 55*

Regelbasis
Menge aller anwendungsspezifischen Regeln in einer Wissensbasis eines Expertensystems.   *Meuche 90, S. 3*

regelbasiertes Programm
--> Programm

Relation
Relationen sind Beziehungen zwischen Knoten bei --> semantischen Netzen. Die Beziehungen werden mit verschiedenen Ausdrücken beschrieben (z.B. is-a, has-a, Relationen mit definierter bzw. heuristischer Funktion).   *Ludwig, Kurz 91, S. 423*

Relationenmodell, Coddsches
(CRM)
Wichtigste Grundkategorie des Coddsche Relationenmodell ist die Relation, die aber keine einfache Beziehung im intuitiven Sinne, sondern eine Klasse von Objekten repräsentiert. Jede n-stellige Relation R wird bezüglich der Bedeutung ihrer Argumentenstellen durch einen Relationendeskriptor $D_R = [A_1 : D_1, A_2 : D_2, ..., A_n : D_n]$ charakterisiert, wobei die A_i $(1 \leq i \leq n)$ Attribute und die D_i die zu den Attributen gehörenden Wertbereiche (Domänen) sind.   *Helbig 91, S. 95*

Relationship
(Verwandtschaft, Verhältnis, Verbindung, Beziehung)
Eine Klasse - Komponentenklasse - Beziehung wird allgemein Beziehung oder Relationship genannt, wenn sie äquivalent ist zur n:m - Beziehung des Entity-Relationship-Modells.   *Heuer 92, S. 314*

relationszentrierte Darstellung
--> Darstellung

Repräsentation

(representation; --> Wissensrepräsentation)
Eine Repräsentation ist eine Anzahl syntaktischer und semantischer Vereinbarungen,
die das Beschreiben von Dingen ermöglichen.   *Winston 87, S. 266*

Von einer Repräsentation sprechen wir, wenn zusätzlich zu einer Menge von Repräsentationsstrukturen Angaben dazu vorliegen, wie die Strukturen der Repräsentation auf Merkmale der repräsentierten Welt abzubilden sind. Diese Angaben
stellen die Interpretationsvorschrift dar.   *Reimer 91, S. 10*

Repräsentation, analog

Teilstrukturen leiten sich nicht aus Repräsentationskonstrukten ab und sind deshalb
nicht mit einer bestimmten Interpretationsvorschrift versehen. Sie bilden
Zusammenhänge derart ab, daß sich die Regularitäten (oder Eigenschaften) der
dargestellten Zusammenhänge als Regularitäten (oder Eigenschaften) der
Repräsentationsstrukturen wiederfinden. Die analoge/direkte Repräsentation ist dem
repräsentierten Sachverhalt analog.   *Reimer 91, S. 69*

Repräsentation, hybride

Repräsentationssysteme, die mehr als ein Repräsentationsformat unterstützen,
bezeichnet man als hybrid. Wesentliche Bedingung ist, daß die verschiedenen
Teilsprachen aufeinander abgestimmt sind, so daß die verschiedenen Teilsprachen
aufeinander abgestimmt sind, so daß aus einer Teilsprache heraus auf Repräsentationen in einer anderen Teilsprache bezug genommen werden kann.
                                                                     Reimer 91, S. 191

Repräsentation, nicht symbolische

- es gibt überhaupt keine eindeutig identifizierbare Teilstrukturen, die für Konzepte,
  Beziehungen und Eigenschaften stehen
oder
- die Teilstrukturen leiten sich nicht aus Repräsentationskonstrukten ab und sind
  deshalb nicht mit einer bestimmten Interpretationsvorschrift versehen.
                                                                     Reimer 91, S. 69

Repräsentation, symbolische

Mit symbolischen Repräsentationskonstrukten ist gemeint, daß es Symbole (oder
Repräsentationsstrukturen) gibt, die für bestimmte Konzepte, Beziehungen oder
Eigenschaften stehen (Prädikationssymbol, Knoten, Kante).   *Reimer 91, S. 69*

Repräsentationsformat

Unter einem Repräsentationsformat verstehen wir eine Klasse gleichartiger Repräsentationsstrukturen (Beispiel netzartige Strukturen entspricht dem Repräsentationsformat semantischer Netze). *Reimer 91, S. 12*

Repräsentationskonstrukte

Grundtypen von Repräsentationsstrukturen; (Beispiel verschiedene Kantentypen in einem netzartigen Repräsentationsformat, die für verschiedene Typen von Beziehungen zwischen Konzepten stehen.). *Reimer 91, S. 13*

Resolution

(resolution, resolution theorem proving; Resolutionsverfahren)
Eine der wichtigsten Inferenzregeln ist die Resolution. Resolution besagt folgendes: Wenn es ein Axiom der Form $E_1 \vee E_2$ und ein weiteres Axiom der Form $\neg E_2 \vee E_3$ gilt, dann folgt logisch $E_1 \vee E_3$. Der Ausdruck $E_1 \vee E_3$ wird Resolvente von $E_1 \vee E_2$ und $\neg E_2 \vee E_3$ genannt. *Winston 87, S. 232*

Die Inferenzstrategie, die in Logiksystemen angewandt wird, um die Gültigkeit einer Aussage zu bestimmen. Die komplexe, aber überaus effektive Methode erbringt den Beweis der Gültigkeit einer Aussage, indem man feststellt, daß ein Widerspruch auftritt, wenn man die einzelnen Aussagen zu bestätigen sucht und eine davon eine Verneinung der zu beweisenden These ist. *Harmon, King 89, S. 298*

Beweisverfahren, bei dem die zu beweisende Aussage negiert zu der vorhandenen Wissensbasis hinzugefügt wird. Führt die Auflösung der zusammengesetzten Aussagenmenge zu einem Widerspruch, dann ist die zu beweisende Aussage "wahr". *Ludwig, Kurz 91, S. 424*

Resolutionsprinzip

Das sogenannte Resolutionsprinzip gilt als klassisches und häufig verwendetes Beweisverfahren.
Das Resolutionsverfahren baut auf diesem Prinzip auf, indem die logische Formeln in die sogenannte Klauselform übertragen werden, so daß ausschließlich oder-Verknüpfungen atomarer Aussagen erlaubt sind. Die Lösung einer aussagenlogischen Aufgabe besteht nun darin, aus einer Hypothesenmenge eine bestimmte Aussage abzuleiten. Indem man die Negation der abzuleitenden Aussage in Klauselform zu den bereits definierten Klausen hinzugefügt dann die Gesamtklausel- oder Hypothesenmenge auf Inkonsistenz testet, erhält man eine Information über die Ableitbarkeit der Aussage in der Form, daß wenn keine Resolvente gebildet werden kann, weil sowohl A als auch nicht A ableitbar sind, die getestete Aussage in ihrer nicht negierten Form ableitbar ist. *Mertens, Borkowski, Geis 89, S. 4*

Review

(Technik der --> Wissensakquisition)
Der --> Knowledge Engineer präsentiert dem Experten das, was er verstanden,
notiert und in Regelform abgelegt hat.   *Schirmer 88, S. 71*

Robotik

(robotics; Anwendungsgebiet der --> KI)
Früherer Schwerpunkt dieses Bereichs war die Konstruktion von "Teleoperatoren",
d.h. beweglicher Roboter, die mit visuellen Rezeptoren, Effektoren (z.B.
Greifarmen) und einer gewissen Problemlösungsfähigkeit ausgestattet waren. In den
letzten Jahren kam noch das Gebiet der "Industrieroboter" - das sind
programmierbare Werkzeugmaschinen mit visuellen (z.T. auch taktilen) Rezeptoren
- hinzu.
Die erwähnten Teilbereiche der Künstlichen Intelligenz-Forschung stellen z.T.
selbständige Forschungsgebiete mit eigenen Zielen, Problemen und Lösungsvor-
stellungen dar, sie haben aber auch viele gemeinsamen Grundlagen. Insbesondere
das Gebiet der --> Wissensrepräsentation scheint sich in den letzten Jahren zu einem
integrativen Faktor für große Teile der KI-Forschung entwickelt zu haben.
                                                        Bullinger, Fähnrich 88, S. 186

Ein Zweig der Künstlichen Intelligenz-Forschung, der sich damit beschäftigt,
Computern die Fähigkeit zu vermitteln, --> Objekte in ihrer Umgebung zu "sehen"
bzw. zu "manipulieren". --> Künstliche Intelligenz ist weniger an Robotik selbst in-
teressiert, sondern vielmehr daran, die notwendigen Techniken zur Verfügung zu
stellen für die Konstruktion von Robotern, die in der Lage sind, durch Anwendung
von Heuristiken in einer überaus flexiblen Weise zu funktionieren und mit einer sich
ständig verändernden Umgebung zu interagieren.   *Harmon, King 89, S. 298*

Unter Robotik versteht man die Entwicklung intelligenter Handhabungssysteme
(Roboter). Für die Flexibilität von Robotern ist neben der Programmierbarkeit
besonders die Ausstattung mit Sensoren bzw. "Augen" (siehe Bildverarbeitung). Mit
ihnen können Roboter ihre Umwelt wahrnehmen und auf die reagieren.
                                                                Behrendt 90a, S. 11

Robotik ist eine intelligente Verbindung von Wahrnehmung und Aktionen. Sie befaßt sich mit allen Aspekten der Roboterentwicklung und -anwendung (Maschinenbau, Regelungstechnik, Sensorik, Aufgabenplanung, --> Wissensrepräsentation).
                                                                Ludwig, Kurz 91, S. 425

Robustheit

Robustheit heißt, die Fähigkeiten von Softwaresystemen auch unter außergewöhnli-
chen Bedingungen zu funktionieren.   *Meyer 90, S. 3*

Rollback

Erreicht eine Transition ihr normales Ende nicht, so muß sie zurückgesetzt werden, das heißt, alle Effekte, die sie in der Datenbank verursacht hat, müssen rückgängig gemacht werden. Dieser Vorgang heißt Rollback.   *Dadam 80, S. 14*

Rückwärtsverkettung

(backward chaining, backchaining)
Steuermechanismus, der vom Ziel rückwärts wirkend eine Ableitungskette mit der minimal notwendigen Fragenmenge erstellt.   *Savory 85, S. 30*

Eine Ablaufsteuerungsstrategie, die festlegt, in welcher Reihenfolge die Schlüsse gezogen werden. In einem --> regelbasierten System wird die Rückwärtsverkettung durch eine Zielangabe in Gang gesetzt. Das System trachtet zu bestimmen, ob die Zielregel erfüllt wird. Dabei bewegt es sich rückwärts zu den Wenn-Aussagen der Regel und versucht festzustellen, ob diese wahr sind. Dadurch werden weitere Regeln herangezogen, die die Gültigkeit dieser Wenn-Aussagen bestätigen könnten. Auf diese Weise durchläuft das System rückwärtssuchend seinen Regelteil.
                          Harmon, King 89, S. 298

Eine von mehreren Ablaufsteuerungsstrategien, die festlegt, in welcher Reihenfolge die Schlüsse gezogen werden. In einem regelbasierten System wird die Rückwärtsverkettung durch eine Zielangabe in Gang gesetzt. Das System trachtet zu bestimmen, ob die Zielregel erfüllt wird. Dabei bewegt es sich rückwärts zu den Wenn-Aussagen der Regel und versucht festzustellen, ob diese wahr sind. Dies führt wiederum dazu, daß weiter Regeln herangezogen werden, die die Gültigkeit dieser Wenn-Aussagen bestätigen könnten. Auf diese Weise durchläuft das System rückwärtssuchend seinen Regelteil. Die Rückverkettungssequenz endet schließlich dadurch, daß eine Frage gestellt wird oder ein vorher abgespeichertes Ergebnis gefunden wird.   *Behrendt 90b, S. 389*

Bei der Rückwärtsverkettung wird von einer Hypothese bzw. Behauptung (goal) ausgegangen; anschließend wird untersucht, ob es Fakten und Regeln gibt, mit denen die Behauptung bewiesen oder widerlegt werden kann.
                          Hartmann, Lehner 90, S. 41

Sachverhalt

(fachorientiert)
Unter einem Sachverhalt wird eine Informationsmenge verstanden, die ein Bearbeitungsobjekt (Elektroenergieanlage oder Teile davon) unter einem bestimmten semantischen Aspekt zu beschreiben und zu betrachten gestattet.
                          Heinze 91, S. 41

Schedule

Die Ausführungsreihenfolge (Liste von Aktionen) bezeichnen wir als Schedule.
... Ablaufplan (Schedule) heißt jede Folge von Elementaroperationen von (mehreren) Transaktionen, sofern alle Elementaroperationen, die zu einer einzelnen Transaktion gehören, in der ursprünglichen Reihenfolge auftreten.   *Dadam 80, S. 9*

Scheduler

Mechanismus zum Aufruf von Komponenten auf relevanten Teilen der Tafel des -->
Blackboardsystems.   *Ludwig, Kurz 91, S. 367*

Scheduling

Bestimmung der Reihenfolge, in der die Aktivitäten des Expertensystems ablaufen
sollen.   *Ludwig, Kurz 91, S. 426*

Schema

Im Datenbankbereich werden Objekte mit ähnlichen Eigenschaften in Mengen
zusammen gefaßt. Im Relationenmodell gehören Tupel mit der gleichen Struktur
(also den gleichen Domänen in den einzelnen Komponenten) zu einer Relation. Die
Struktur wird durch das Relationenschema beschrieben. ... Zur Spezifikation von
Objekttypen in Datenbankschemata gibt es prinzipiell drei Möglichkeiten:
- Typ-basiertes Schemata,
- Klassen-typ-basiertes Schemata,
- Klassen-basiertes Schemata.   *Heuer 92, S. 300*

Schon in den 30er Jahren hat Bartlett experimentell nachgewiesen,. daß neue
Informationen (neues Material) auf der Basis von im Gedächtnis vorhandenen
Strukturen organisiert und erinnert wird. Derartige Strukturen werden als Schemata
bezeichnet. Gegenüber "einfachen" Konzepttheorien, wie sie sich in semantischen
--> Netzen des Collins-Quillian-Typs widerspiegeln, wird in Schemaansätzen eine
bedeutend reichere interne Struktur angenommen. Dieser Grundauffassung folgend
stellt Minsky das Konzept der --> Frames (Rahmen) vor.   *Görz 93, S. 332*

Schema, externes

Sicht eines Anwenders oder einer Anwendung auf die Daten, kann logische
Aggregationen des internen Schemas darstellen.   *Spur 92, S. 205*

Schema, internes

Interne Repräsentanten der Speicherung der Daten in der Datenbank. Layout von Tabellen und Attributen.   *Spur 92, S. 205*

Schema, Klassen-basiertes

Es wird auf die Angabe eines Typs verzichtet und nur die Definition der Klasse mit dem zugehörigen Sammelbehälter in den Vordergrund gestellt. Die Werte oder Objekte, die allen Elementen dieser Sammelbehälter als Beschreibung zugeordnet werden können, sind dann beliebig. *Heuer 92, S. 301*

Schema, Klassen-typ-basiertes

Hier werden die zusammengehörigen Objekte (also Elemente einer abstrakten Domäne) in einer Objektmenge gesammelt und ihnen jeweils ein Wert (die Instanz eines Typs zugeordnet. Die Definition eines Schemas besteht dann aus zwei Teilen: die Angabe einer "Objektfabrik", aus der man Objekte einer bestimmten Art erzeugen und in einem "Sammelbehälter" zusammenfassen kann, und die Angabe eines Typs für die Zustände dieser Objekte. ... Wir nennen die "Objektfabrik" Klasse. *Heuer 92, S. 301*

Schema, Typ-basiertes

Ein komplexer Typ leg die möglichen Instanzen fest. Im Datenbankbereich ist dieser Typ meistens eine Menge von Tupeln. Der Typ kann zur Identifizierung der Objekte auch eine abstrakte Komponente, also ein Surrogat-Attribut, beinhalten.
Heuer 92, S. 301

Schema, konzeptionelles

Logische Gesamtheit aller Daten in einer Datenbank. *Spur 92, S. 205*

Schließen, logisch-deduktives

Den Prozeß des Schlußfolgerns nennt man auch Inferenzfindung und jeden Einzelschritt dieses Prozesses Inferenz (schließen, schlußfolgern). Den harten Kern der bisher automatisierbaren Inferenzfähigkeiten des Menschen bilden streng deduktive Schlußweisen, die auf einem zweiwertigen Wahrheitsbegriff aufbauen und einen monotonen Abteilungsbegriff verwenden. Diese Art des Schließens wollen wir logisch-deduktives Schließen oder kurz Deduzieren im engeren Sinne nennen. *Helbig 91, S. 135*

Schließen, monotones

(monotonic reasoning; Art und Weise des Wissenszuwachses)
Ein Schlußfolgerungssystem, das auf der Annahme beruht, daß eine Tatsache, die als wahr erwiesen ist, sich im Verlauf des Schlußfolgerungsprozesses nicht mehr ändern kann. --> MYCIN ist ein monotones System und nimmt daher an, daß eine vom Benutzer beantwortete Frage während der Dauer der Beratung unverändert gültig bleibt. Diese Annahme ist vernünftig, wenn man die kurze Dauer der meisten MYCIN-Konsultationen bedenkt. *Bullinger, Fähnrich 88, S. 183*

Ein Schlußfolgerungssystem, das auf der Annahme beruht, daß eine Tatsache, die als wahr erwiesen ist, sich im Verlauf des Schlußfolgerungsprozesses nicht mehr ändern kann.
Harmon, King 89, S. 296

Es werden durch die Schlußfolgerungen der Problemlösungskomponente nur neue Fakten abgeleitet, die nicht im Widerspruch zu bereits vorhandenen Fakten stehen.
Kurbel 89, S. 61

Schließen, nichtmonotones

(nonmonotonic reasoning)
Schlußfolgerungen, die revidiert werden können, wenn sich ein Wert im Verlauf einer Beratung ändert. Mit anderen Worten: Nicht-monotones Schließen läßt einen schnellen Wechsel von Werten eines Problems innerhalb kurzer Zeit zu. Wenn man z.B. ein On-Line-Expertensystem entwickeln will, das den Aktienmarkt beobachtet und über den Kauf von Aktien berät, würde man sich für ein nicht-monotones Schlußfolgerungsverfahren entscheiden, da es eine ständige Revision der Empfehlungen, entsprechend den Änderungen der Aktienpreise und des Angebots, zuläßt.
Bullinger, Fähnrich 88, S. 184

Unser Wissen über die Welt ist stets unvollständig und beinhaltet vielfach Zusammenhänge, die zwar in der Regel, aber nicht ausnahmslos gelten. Dabei kann es vorkommen, daß sich durch zusätzliche Informationen herausstellt, daß gerade der Ausnahmefall vorliegt. In diesem Fall werden wir aufgrund der zusätzlichen Informationen einen vorher akzeptierten Schluß zurücknehmen. Wenn es also möglich ist, daß zusätzliche Prämissen Schlüsse ungültig machen, sprechen wir von nichtmonotonem Schließen.
Brewka 89, S. 20

Während in der klassischen --> Logik eine Ableitung unveränderlich gültig ist (monoton), können beim nichtmonotonem Schließen neue Informationen bewirken, daß Ableitungen wieder zurückgezogen bzw. rückgängig gemacht werden müssen, d.h. neues Wissen unter Umständen das zuvor Bekannte auch widerlegen kann. Nichtmonotones Schließen läßt einen schnellen Wechsel von Werten eines Problems innerhalb kurzer Zeit zu.
Ludwig, Kurz 91, S. 409

Schließen, probabilistisches

Die Basis des probabilistischen Schließens ist die Bewertung jeder Aussage mit einer Wahrscheinlichkeit, die den Grad der Unsicherheit repräsentiert. Die Unsicherheiten können aus repräsentativen Statistiken abgeleitet oder von Experten geschätzt worden sein.
Puppe 88, S. 39

Schließen, unsicheres

(reasoning about uncertainty)
Im Kontext der --> Expertensysteme bezieht sich Unsicherheit (uncertainty) auf

einen Wert, der durch eine Konsultation nicht ermittelt werden kann. Die meisten Expertensysteme können mit vagem oder unsicherem Wissen umgehen; d.h. sie gestatten es dem Benutzer, eine Antwort als "unbekannt" einzugeben. In diesem Fall kann das System entweder andere --> Regeln anwenden, um den gesuchten Wert auf anderem Wege zu ermitteln, oder es kann vorgegebene Standardwerte benutzen.
Bullinger, Fähnrich 88, S. 188; Behrendt 90b, S. 390

Schlüssel

(key)
Ein Schlüssel ist ein Merkmal oder eine Kombination von Merkmalen, womit Elemente (Entitäten, Datensätze usw.) in einer Menge von Elementen ausgezeichnet werden können.
Zehnder 89, S. 22

Schnittstelle

(interface)
Die Verbindung zwischen einem Computerprogramm und der Außenwelt. Ein einzelnes Programm kann mehrere Schnittstellen aufweisen.
Harmon, King 89, S. 299

Eine Schnittstelle ist eine Verbindungsstelle zweier interagierender Systeme. Je nach Art der Systeme unterscheidet man zwischen Maschine-Machine-, Mensch-Maschine- und Mensch-Mensch-Interaktion.
Bullinger, Kornwachs 90, S. 290

Schnittstelle, natürlichsprachliche

(natural language interface)
Unter einer natürsprachlichen Schnittstelle versteht man eine Benutzerschnittstelle, die die natürlichsprachlichen Eingaben des Benutzers sowohl syntaktisch als auch semantisch verarbeitet und in Abhängigkeit davon aus internen --> Repräsentationen natürlichsprachliche Antworten generiert.
Bullinger, Fähnrich 88, S.184

Script

Ein Script ist die Zusammenfassung einer in bestimmten Situationen immer wiederkehrende Folge von Handlungen zu einem standardisierten Handlungsschema (--> Frame).
Helbig 91, S. 92

Ein Script ist ein möglicher Bestandteil von --> Frames; Scripts bezeichnen Objektrepräsentanten für Situationen, Handlungen und Ereignisse.
von Luck 91, S. 11

Sekundäranalyse

--> Analyse

Selbstbeschreibungsfähigkeit

Ein Dialog ist selbstbeschreibungsfähig, wenn dem Benutzer auf Verlangen Einsatzzweck sowie Leistungsumfang des Dialogsystems erläutert werden können und wenn jeder einzelne Dialogschritt unmittelbar verständlich ist oder der Benutzer auf Verlangen dem jeweiligen Dialogschritt entsprechende Erläuterungen erhalten kann.   *DIN 66234, T.8, S. 2*

Selbsterklärungsfähigkeit
(self explanatoriness)

Ein --> Dialog ist selbsterklärungsfähig, wenn er unmittelbar verständlich ist oder wenn während des Dialogs dem Benutzer auf Verlangen Einsatzzweck sowie Einsatzweise des Dialogs erläutert werden können. Soweit der Dialog nicht unmittelbar verständlich ist, sollen dem Benutzer auf Verlangen auch der Leistungsumfang der Arbeitsmittel und die Voraussetzungen für die Anwendung erklärt werden können.   *von Luck 91, S. 11*

Semantik
(semantic)

beschäftigt sich mit der Bedeutung, Integration und Beziehung sowie den Begriffsbeziehungen.   *Schefe 85, S. 36*

Die Semantik einer --> Repräsentation gibt an, wie in den Symbolen Bedeutungen enthalten sind, und sie gibt die Anforderung derjenigen Symbole an, die von der --> Syntax erlaubt werden.   *Winston 87, S. 266*

Die **Semantik** (Bedeutungslehre) vermittelt die Bedeutung der Sätze einer Sprache, ohne Beachtung des subjektiven Standpunktes des Nutzers der Programmiersprache.
Loeper, Jäkel, Otter 87, S. 36

Bezieht sich auf die Bedeutung eines Ausdrucks. Oft im Gegensatz zu --> syntaktisch, einem Begriff, der sich auf das formale Muster eines Ausdrucks bezieht. Computer sind gut dafür geeignet, die Verwendung der korrekten Syntax zu überprüfen; sie haben jedoch größte Schwierigkeiten, wenn sie den semantischen Gehalt eines Ausdrucks bestimmen sollen.
Harmon, King 89, S. 299; Behrendt 90b, S. 389

Sie erklärt die inhaltliche Bedeutung der logischen Ausdrücke; betrifft die Interpretation der Formeln in einem bestimmten Individuenbereich.
Lunze, Schwarz 90, S. 100

Hier: Semantik eines Weltausschnittes. Begriff aus der Kette Syntax, Semantik, Pragmatik, der die Tiefenstrukturen eines Weltausschnittes (eines Wissensbereiches) meint, die nicht durch die Syntax erfaßbar sind. Beispiel: semantische Integritätsbedingungen bei konventionellen Datenbanken, die Zusammenhänge zwischen den Daten beschreiben, die durch das jeweilige Datenmodell nicht erfaßbar sind.

Staud 91, S. 395

Semantik, Äquivalenz-
(equivalence semantics)
Gegeben sei eine Möglichkeit, Beschreibungen in der Darstellung mit Beschreibungen in einer anderen Darstellung in Beziehung bringen zu können, die eine akzeptierte --> Semantik aufweist, wie z. B. die Prädikatenlogik.

Winston 87, S. 267

Semantik, deskriptive
(descriptive sematics)
Gegeben seien genaue Beschreibungen in natürlicher Sprache, wie Beschreibungen in der --> Repräsentation Objekte, Aktionen und Ereignisse in der Welt denotieren.

Winston 87, S. 267

Semantik, duale
Die Vorstellung, daß ein Computerprogramm aus zwei gleichermaßen gültigen Perspektiven gesehen werden kann: der prozeduralen Semantik ("WAS geschieht, wenn das Programm abläuft?) und der deklarativen Semantik (Welches Wissen enthält das Programm?").   *Harmon, King 89, S. 52*

Semantik, prozedurale
(procedural semantics)
Gegeben sei eine Menge von Programmen, die auf Beschreibungen in der Repräsentationssprache arbeiten. Sagen wie, die Bedeutung ist dabei dadurch definiert, was die Programme tun.   *Winston 87, S. 267*

semantisch
--> Semantik

semantisches Netz
--> Netz

semantisches Netzwerk
--> Netzwerk

semantische Primitive
Sie sind möglicher Bestandteil der Repräsentationsform --> semantisches Netz, entsprechend der Forderung für gleiche Sachverhalte auch gleich repräsentierte Netz-

struktouren zu erzwingen. Netzformalismen, die für solche Aufgaben entwickelt wurden, beinhalten einen festen Satz von Beschriftungen. Mit Hilfe dieser Beschriftungen und den Kompositionsvorschriften des Formalismus sollen dann Ausschnitte der Welt kanonisch repräsentiert werden.   *von Luck 91, S. 9*

Semiotik
Theorie der sprachlichen Zeichen.   *Loeper, Jäkel, Otter 87, S. 37*

semantische Integrität
--> Integrität, semantische

Serialisierbarkeit
Ein --> Schedule für eine gegebene Menge von m Transitionen heißt serialisierbar, wenn mindestens eine serielle Ausführungsreihenfolge dieser m Transaktionen existiert, so daß der bei serieller Ausführung erzeugte Output, sowie der dadurch erreichte Datenbankenzustand gleich dem, wie bei Anwendung des Schedules ist.
Dadam 80, S. 10

Shallow Knowledge
--> Wissen

"Shared disk"-Architektur
--> Architektur

"Sharedmemory"-Architektur
--> Architektur

"Shared nothing"- Architektur
--> Architektur

Shell
(Schale, Hülle, Umgebung)
In der Shell fehlt noch der Kern, nämlich die --> Wissensbasis für ein vollständiges --> Expertensystem. Die anderen Bestandteile (Wissenserwerbs-, Erklärungs-, Interviewer- und Problemlösungskomponente) sind in der Shell bereits vorhanden.
Shells enthalten zwangsläufig gewisse restriktive Merkmale, die ihren Einsatz für bestimmte Zwecke (Probleme) erleichtern und für andere Zwecke schwer bis unmöglich machen.   *Kurbel 89, S. 110*

Skolemisierung
(Skolem-Eliminierung)
Die Skolemisierung ist ein Verfahren, bei dem in einer Formel die Existenzquantoren mittels Skolem-Funktoren eliminiert werden.
Schneider 83, S. 485

Slot
Einsteckschlitz, Einsteckplatz *Müller 83, S. 172*

Bestandteil eines Objektes in einem Frame-System. Slots können intrinsische Eigenschaften eines Objektes enthalten (z.B. Name, Attribute, Werte, Attribute mit Defaults-Vorbelegungen, Regeln zur Bestimmung von Werten, Zeiger auf verwandte Frames und Informationen über den Erzeuger des Frames.
Harmon, King 89, S. 299; Behrendt 90b, S. 389

Slots werden manchmal synonym mit Attribut benutzt.
Durch spezielle Slots (Typ und Instanzen können Vererbungshierarchien aufgebaut werden. Durch diesen Mechanismus ermöglichen Frames strukturierten Wissenserwerb (Ausfüllen der Slots mit Werten), effiziente Abspeicherung in Hierarchien und Formulierung von Erwartungswerten als --> Defaults.
Ludwig, Kurz 91, S. 430

Software
- im weiteren Sinne umfaßt sie weit mehr als nur die maschinell gespeicherten Instruktionen an irgendeiner Maschine,
  - Summe aller Anweisungen an Mensch und Maschine,
  - dokumentierte Lösung einer geistigen Aufgabe (Spezifikation, Entwurf, Benutzerhandbuch).
- Software consists of operational requirements for system, its specifications, design and programms, all its user manuals and quides, and its maintenance documentation.
Sneed 89, S. 13

Software ist die Beschreibung von Informationssystemen für Menschen ("Dokumentation") und Maschinen ("--> Programme"). *Sösemann 89, S. 184*

Software, Anwendungs-
Anwendungssoftware stellt eine aufgaben- und branchenspezifische Problemlösung dar. Sie setzt auf die --> Systemsoftware auf. *Denert 91, S. 11*

Software, aufgabenabhängige
Sie enthält die zur Lösung einer bestimmten Klasse von Aufgaben erforderlichen Programme und realisiert die eigentliche Nutzermaschine. *Butz 83, S. 138*

Software, aufgabenunabhängige
Sie enthält die Programme zur Realisierung einer einheitlichen Strategie der
Dialogführung einschließlich der Verwaltung der --> Datenbasis auf der Grundlage
allgemeingültiger Prinzipien".   *Butz 83, S. 135*

Softwaredesign
Design wird auf Entwurf und Gestaltung abgebildet. Mit Design meinen wir eine
spezielle Art von Erkenntnisprozessen, die auf machbare und wünschenswerte
Ergebnisse in einem interessierenden Bereich ausgerichtet sind. Wir sprechen in der
Regel nur dann von Design, wenn es Anliegen gibt, die man erfüllen möchte, be-
grenzte Ressourcen, die zur Verfügung stehen und verschiedene Möglichkeiten zur
Realisierung. Design verknüpft verschiedene Welten: die soziale Welt der jeweils
maßgeblichen Anwendung, die technische Welt der Realisierungsmittel und die formale Welt der Methoden und Konzepte.   *Floyd 89, S. 9*

Software Engineer
--> Engineer

Software-Engineering
--> Engineering

Softwarequalität
--> Qualität

Softwareentwicklung
Software-Entwicklung ("Programmieren") ist das Beschreiben des vom Menschen
gewünschten Inhaltes und Umformen in eine der Maschine gemäße Form.
                                                                Sösemann 89, S. 184

Softwaremethode
--> Methode

Spezifikation
Unter Spezifikation wird die detaillierte Festlegung und Beschreibung der Teile
eines Ganzen (Elemente eines Systems), ihrer Beziehungen zueinander sowie ihrer
Eigenschaften verstanden. Die Eigenschaften werden jeweils vom Aspekt einer
Zweckbestimmung ausgewählt und erfaßt.   *Engmann 88, S. 30*

Spezialisierung
(Begriff aus der Objektorientierung; invers zu --> Generalisierung)
Ableitung einer Klasse aus einer vorgegebenen Klasse durch Hinzufügen
zusätzlicher Details zur vorgegebenen Klassenbeschreibung.

Generalisierung und Spezialisierung legen eine "ist-ein"-Beziehung zwischen Klassen fest. *Breutmann, Burkhardt 92, S. 62*

Sprache

Eine Sprache ist die Menge aller in ihr möglichen Beschreibungen; sie ist vollständig bezüglich ihrer "Welt", wenn sie all deren Dinge und Beziehungen abbilden kann. *Sösemann 89, S. 188*

Sprachen, formale

Formale Sprachen sind mathematische Abstraktionen, die zur Darstellung der Syntax natürlicher Sprachen verwendet werden können.
Eine formale Sprache wird durch ein --> Alphabet und eine --> Grammatik definiert.
Tanimoto 90, S. 381

Sprache, Hoch-

Eine Sprache, bei der ein Teil des Designs und der Durchführungsfunktionen automatisch durch den Compiler und nicht manuell durch den Programmierer bereitgestellt werden. *Schoen, Sykes 90, S. 277*

Sprache, objektorientierte

(objektorientierte Methode, direkte Sprache)
Programmiermethoden, bei der Programme nach --> Objekten strukturiert werden (im Gegensatz zur Strukturierung nach Prozeduren). Sie behandeln ihre "Objekte" - das sind Zusammenfassungen von Datenstrukturen plus zugehörige Operationen - nach einem einheitlichen Muster: Sie erhalten "Nachrichten" (Messages) von anderen Objekten, etwas Bestimmtes zu tun und schicken das Ergebnis ihres Tuns als neue "Nachricht" an den Sender zurück. (z.B. Smalltalk, Objective-C, C^{++}, Object Pascal, Object Assembler). --> Programmiersprache, --> Programmierung
Ludwig, Kurz 91, S. 411

Spread-sheet Modell

--> Modell

statisches Wissen

--> Wissen

Steuersystem

--> System

Strategie

Unter Strategie versteht man den organisierten Einsatz der Ressourcen einer Firma -

beispielsweise Personal, Anlage, Material ... zur Erreichung der geschäftlichen
Ziele.   *Vetter 90, S. 159*

Struktur
Gesamtheit der wesentlichen Beziehungen zwischen den Bestandteilen eines
Systems. Sie beschreibt dessen Aufbau und Wirkungsweise.   *DIN 69900, T.1, S. 4*

strukturelle Objektorientierung
--> Objektorientierung

strukturiertes Objekt
--> Objekt

Strukturierung, hierarchische
Als hierarchisch wird eine Struktur bezeichnet, wenn die Teile eines Systems den
Knoten und die Beziehungen zwischen den Teilen den Kanten eines gerichteten
Graphen ohne Zyklen und ohne Schlingen entsprechen.   *Heinze 91, S. 42*

Sucheffizient
(Merkmal zur Beurteilung einer Wissensart)
Der Sucheffizient läßt sich mit einer geringen Anzahl von Irrwegen lösen. Auch
diese Art des Wissens läßt sich in Regeln formulieren.   *Schumacher 90, S. 64*

Suchraum
(Wissensbasis, Lösungsraum, Problemraum; Menge aller möglichen Lösungen eines
Problems)
Der Suchraum kann durch einen Suchraum dargestellt werden. Jeder --> Knoten
repräsentiert ein Faktum, eine Regel oder ein anderes Wissenselement. Die Ab-
hängigkeit der Wissenselemente untereinander wird durch Linien dargestellt. Die
Struktur ist hierarchisch.   *Ludwig, Kurz 91, S. 432*

Suchverfahren, heuristisches
(heuristic search)
Im Gegensatz zu den blinden Suchverfahren spezifische Informationen, die auf die
Lage des Ziels Hinweise geben.   *Bullinger, Fähnrich 88, S. 181*

Abgrenzung eines Suchraumes mit heuristischen Annahmen.
Als heuristische Suche wird ein Suchverfahren bezeichnet, das den Suchraum nicht
vollständig abtastet. Heuristische Verfahren werden generell dann eingesetzt, wenn

entweder keine exakten Algorithmen vorhanden sind oder wenn bekannte exakte Algorithmen zu aufwendig sind. *atp 2/90, S. 5*

Symbol

Ein beliebiges Zeichen, das zur Darstellung von Objekten, Begriffen, Operationen, Relationen und Eigenschaften verwendet wird. *Harmon, King 89, S. 299*

Symbolverarbeitung

--> Verarbeitung

Synchronisation

Unter Synchronisation versteht man die planvolle Koordinierung und Steuerung gleichzeitig ablaufender konkurrierender Aktivitäten (in Datenbanken speziell Transitionen). *Dadam 80, S. 2*

Syntax

Syntax beschäftigt sich mit der Kombinierbarkeit von Elementen, also Symbolen oder Begriffen. *Schefe 85, S. 38*

Satzlehre, sie gibt Antwort darauf, ob eine gegebene Zeichenreihe über einem Alphabet zur prache gehört oder nicht. *Loeper, Jäkel, Otter 87, S. 36*

Die Syntax einer --> Repräsentation gibt die Symbole an, die verwendet werden können sowie die Möglichkeiten, wie diese Symbole angeordnet werden können. *Winston 87, S. 266*

Die Syntax bezieht sich auf das formale Muster eines Ausdrucks. Im Gegensatz zu semantisch. *Behrendt 90b, S. 390*

Die Syntax legt die Form logischer Ausdrücke fest. Sie fixiert die Form der Atome sowie die möglichen Verknüpfungen atomarer Aussagen. Diesen Feststellungen genügt eine Vielzahl logischer Ausdrücke, die die Sprache der betrachteten Logik (Aussagen- oder Prädikatenlogik) bilden. *Lunze, Schwarz 90, S. 100*

System

Im Sinne dieser Norm eine abgegrenzte Anordnung von aufeinander einwirkenden Gebilden. Solche Gebilde können sowohl Gegenstände als auch Denkmethoden und deren Ergebnisse (z.B. Organisationsformen, mathematische Methoden, Programmiersprachen) sein. Diese Anordnung wird durch eine Hüllfläche von ihrer Umgebung abgegrenzt oder abgegrenzt gedacht. *DIN 66201 Teil1, S. 1*

Ein System stellt eine Gesamtheit von Elementen dar, die miteinander durch Beziehungen verbunden sind und gemeinsam einen bestimmten Zweck erfüllen.
Vetter 90, S. 61

1. Kurzbezeichnung für ein realisiertes Anwendungssystem.
2. Besteht aus Elementen mit bestimmten Eigenschaften, wobei die Elemente durch Beziehungen miteinander verknüpft sind. *Litke 91, S. 227*

System, Anwendungs-

Ein Anwendungssystem ist eine Menge zusammenarbeitender Anwendungsprogramme. *Krückeberg, Spaniol 90, S. 23*

System, Axiomen-

Ein Axiomensystem definiert ein Grundsystem, welches aus nicht weiter detaillierbaren und damit nicht weiter begründbaren Grundsätzen (Axiomen, wahrer Aussagen) aufgebaut ist. Alle Sachverhalte lassen sich durch --> Deduktion vollständig hieraus ableiten. Die Axiome eines Axiomensystems müssen in sich widerspruchsfrei, vollständig und unabhängig voneinander sein. (Bekannte Axiomsysteme existieren in der Mathematik, in der Physik und in Ansätzen auch im Ingenieurbereich.
Ludwig, Kurz 91, S. 365

System, Beratungs-

Sie geben im Dialog mit dem Menschen eine auf den vorliegenden Fall bezogene Handlungsempfehlung. *Mertens, Borkowski, Geis 90, S. 6*

--> Expertensysteme bzw. --> wissensbasierte Systeme werden sehr unterschiedlich definiert, wobei verschiedene Schwerpunkte bzw. Eigenschaften besonders hervorgehoben werden. So werden sie u.a. bezeichnet als Beratungssysteme, die dem Benutzer in speziellen Anwendungsbereichen beraten und bei der Problemlösung unterstützen. *Gabriel 92, S. 22*

System, Blackboard-

(Tafelsystem)
Integriertes Interaktionsmodell zwischen verschiedenen Expertensystemen. Das Tafelsystem ist eine Architektur, die mittels einer integrierenden Tafelkomponente das Modell einer Gruppe unabhängig arbeitender Spezialisten realisieren, die jeweils Teilaspekte der Problemlösung behandeln.
Ein Blackboard-System enthält drei Hauptkomponenten:
- das Blackboard,
- eine Anzahl von Komponenten zur Wissensverarbeitung (Inferenz) und
- einen Scheduler.

Als besondere Vorteile gelten:
Die Tätigkeit, eine Vielzahl verschiedenartiger Prozesse in einem einzigen System zusammenzufassen, insbesondere auch die Brücke zwischen signalartigen und symbolischen Daten zu schlagen.   *Ludwig, Kurz 91, S. 367*

System, Datenbank-
--> Datenbanksystem

System, Diagnose-
Klassifizieren Fälle oft auf der Grundlage einer Reduktion umfangreichen Datenmaterials, gegebenenfalls unter Berücksichtigung unsicheren Wissens.
Mertens, Borkowski, Geis 90, S. 6

System, hybrides
Hybride Systeme stellen verschiedene Formen der --> Wissensrepräsentation und der Wissensverarbeitung nebeneinander zur Verfügung. Zum Aufbau der --> der Wissensbasis können eine oder mehrere Formen der Wissensrepräsentation verwendet werden. Das hybride System verfügt über interne Schnittstellen mittels derer Informationen und Ergebnisse zwischen den verschiedenen Architektenformen ausgetauscht werden können (Loops, KEE, Babylon).
atp 2/90, S. 16; Ludwig, Kurz 91, S. 389

System, Informations-
--> Informationssystem

System, Interpretations-
Sie interpretieren Daten über den aktuellen Zustand eines Systems, um Aussagen über vergangene, momentane und zukünftige Zustände herzuleiten. Beispiele von solchen Anwendungen sind Diagnose, Vorhersage und Datenanalyse.
Bullinger, Fähnrich 88, S. 27

System, Konstruktions-
Es leitet aus einer Spezifikation des gewünschten funktionalen Verhaltens eine konstruktive Beschreibung eines Systems ab. Beispiele von solchen Anwendungen sind Programmkonstruktion, Konstruktion von VLSI-Chips und Konstruktion von mechanischen Geräten.   *Bullinger, Fähnrich 88, S. 27*

System, modellbasiertes
Modellbasierte Systeme sind vorrangig für den Einsatz bei der automatischen Überwachung und Fehlerdiagnose von technischen Prozessen konzipiert worden.

Hierzu werden --> analytisches und heuristisches Prozeßwissen kombiniert, um eine sinnvolle Ergänzung beider Wissensarten zu nutzen.

atp 2/90, S. 15; Ludwig, Kurz 91, S. 406

System, natürlichsprachliches
(natural language system)
Ein Softwaresystem, das Texte einer natürlichen Sprache analysiert und eine formale semantische Beschreibung erzeugt (Analyseteil). Ein --> Softwaresystem, das eine formale semantische Beschreibung in einen natürlichsprachlich Text transformieren kann (Syntheseteil). *Bullinger, Fähnrich 88, S. 184*

System, objektorientiertes
Bei einem objektorientierten System werden alle relevanten Komponenten sowie eventuell auch die Funktionen des technischen Systems durch --> Objekte repräsentiert. Üblicherweise werden --> Klassen zur Beschreibung der Komponententypen definiert. Durch --> Instantiierung wird anhand von Typen ein Abbild des modellierten, technischen Systems auf dem Rechner erzeugt. Dieses beinhaltet neben der Aufzählung der modellierten Komponenten auch deren Struktur (z.B. X ist - Teil - von Y) und deren Topologie (z.B. X ist - verbunden - mit Z).
Ein objektorientiertes System besitzt vordefinierte Objekte, mit denen die Grundfunktionalität des Systems implementiert wurde. Diese werden vom Anwender um seine anwendungsspezifischen Objekte ergänzt.

atp 2/90, S. 16; Ludwig, Kurz 91, S. 412

System, Produktions-
(production systems)
Produktionssysteme sind ein allgemeines Lösungskonzept, welches zumindest in der Theorie jedes überhaupt konstruierbare Expertensystem in standardisierter Form zu realisieren gestattet. *Schnupp, Leibrandt 88, S. 6*

Produktionssysteme sind menschliche oder Computersysteme mit --> Datenbasis. Diese besteht aus Produktionsregeln und einem Steuerungsmechanismus, der die anwendbaren Produktionsregeln auswählt, während er einen Zielzustand anstrebt. Produktionssysteme speichern und verarbeiten also Wissen in Form von Produktionsregeln. *Fischer 89, S. 48*

Ein Produktionssystem umfaßt:
- Regelbasis (enthält die Menge der Produktionsregeln),
- Fakten-(Daten)basis (wo permanente und temporäre Fakten gespeichert sind,
- Kontrollsystem (Ableitungsstrategie, Konfliktlösungsmechanismus),
- Regelinterpreter (sucht die anzuwendenden Regeln). *Kurbel 89, S. 49*

Ein Computersystem mit einer Datenbasis. Diese besteht aus Produktionsregeln und einem Steuerungsmechanismus, der die anwendbaren Produktionsregeln auswählt, während er einen Zielzustand anstrebt. *Behrendt 90b, S. 388*

System, Problemlöse-
(problem solving system)
Als Problemlösesystem bezeichnet man die Komponente eines --> Expertensystems, die die logischen Schlüsse zieht, die Kontrollstruktur zur Verfügung stellt, und gegebenenfalls mit der --> Erklärungskomponente kommuniziert.
Bullinger, Fähnrich 88, S. 185

System, Produktionsregel-
(production value system, production system, if/then rules, situation/action rules)
Produktionsregeln sind Ausdrücke der Form a_1 ... a_n => b, wobei die a_i Bedingungen und b eine Aktion beschreiben. Produktionsregelsysteme interpretieren solche Regeln in der naheliegenden Weise, also von links nach rechts: Wenn a_1 und ... und a_n gelten, so führe b aus. Prolog verarbeitet Ausdrücke ähnlicher Bauart, mit dem Unterschied, daß b ebenfalls eine Bedingung beschreibt und daß die Regeln von rechts nach links interpretiert werden. (Beispiele: OPS5, ESE.).
Bullinger, Fähnrich 88, S. 185

System, reaktives
In schwach strukturierten Arbeitszusammenhängen ist menschliche Arbeit **qualitativ** der maschinellen Routine überlegen. Sie kann von computergestützten Systemen unterstützt, aber nicht ersetzt werden. Diese Art von Software wird heute als sog. reaktive Systeme auf Arbeitsplatzrechnern mit graphischen Benutzeroberflächen gestaltet. Reaktive Systeme bieten an Stelle von routinierten, d.h. implementierten Arbeitsabläufen Dienstleistungen an, die in ihrer jeweiligen wahlfreien Zusammenstellung eine qualitativ hochwertige Unterstützung menschlicher Arbeit realisieren. *Gryczian, Züllighofen 92, S. 265*

System, Steuer-
Das Steuersystem umfaßt:
- Wissenserwerbskomponente (für Regeln),
- Interviewerkomponente (für Fakten),
- Problemlösungskomponente,
- Erklärungskomponente. *Puppe 88, S. 13*

System, Truth Maintenance
(TMS)
Subsystem eines Expertensystems, das für die Konsistenthaltung der Fakten im Arbeitsspeicher verantwortlich ist. *Ludwig, Kurz 91, S. 435*

Bei der Rücknahme von Schlußfolgerungen (belief revision) muß beachtet werden, daß von einer revidierten Schlußfolgerung wieder andere Schlußfolgerungen abhängen können und die Rücknahme eines Elementes in diesem Netzwerk eine Kettenreaktion auslösen kann.
Truth-Maintenance-Systeme (oder Belief-Revision-Systeme) haben die Aufgabe, in den oben genannten Situationen den Zustand herzustellen, der entstanden wäre, wenn das geänderte oder neue Faktum gleich von Anfang an berücksichtigt worden wäre.   *Puppe 91, S. 58*

System, wissensbasiertes
--> wissensbasiertes System

Systemgestaltung
(als Bestandteil des Projektmanagement)
Die Systemgestaltung umfaßt die fachlichen und technischen Aspekte des Projekts, also die Spezifizierung der Systemziele, den Entwicklungsprozeß, die Realisierung des Systems selbst. Sie bezieht sich also auf das zu gestaltende Objekt und seine relevante Umwelt.   *Samlowski 91, S. 5*

Systemsoftware
Mit Systemsoftware bezeichnet man jede universell verwendbare Software, welche die Hardware zu einer funktionsmächtigeren und flexibleren Maschine macht, auf der die dedizierte --> Anwendungssoftware aufsetzt.   *Denert 91, S. 11*

Tafel
--> Architektur

Tafelarchitektur
--> Architektur

Tafelsystem
--> System

Task
Beschreibung einer Problemsituation. Beinhaltet die Beschreibung eines Impuls, des Outputs und der Art der Transformation.   *Ludwig, Kurz 91, S. 433*

Taxonomie
(taxonomy)
Hierarchische Struktur der Fachbegriffe in einer "Wissensdomäne" (meist baumartig dargestellt).   *Savory 85, S. 31*

Teilgebiet der Linguistik, das durch Segmentierung und Klassifikation sprachlicher Einheiten den Aufbau eines Sprachsystems beschreiben will.
Es ist also eine hierarchische Struktur der Fachbegriffe in einer Wissensdomäne, meist baumartig dargestellt. *Ludwig, Kurz 91, S. 433*

Technologie-Transfer
(technology transfer)
Im Zusammenhang mit --> Expertensystemen ist dies der Vorgang der Übergabe eines Expertensystems durch die Entwickler an eine Benutzergruppe. Da Expertensysteme laufend aktualisiert werden müssen, ist es erforderlich, die Experten in die Wartung des --> Systems einzuschulen, bevor das System in Betrieb genommen wird. In der Praxis bedeutet das, daß sich die Experten einige Kenntnisse in --> Knowledge Engineering aneignen müssen. *Behrendt 90b, S. 390*

Textanalyse
--> Analyse

theoretisches Modell
--> Modell

Theorie, Dempster und Shafer
Die Theorie von Dempster und Shafer stellt ein System zur Manipulation von Glaubensgraden bereit, das allgemeiner als Bayescher Ansatz (--> Bayesches Theorem) bekannt ist, da die Gültigkeit von $B(A) + B (> A) = 1$ nicht gefordert wird.
Das System behandelt, genauso wie die Wahrscheinlichkeitstheorie, die möglichen Werte einer unbekannten Variablen wird das Universum oder der Wahrnehmensrahmen (frame of disceniment) genannt und normalerweise (aber nicht immer) als endlich angesehen. *Tanimoto 90, S. 321*

Theorie von Bayes
--> Bayes Theorem

tiefe Modellierung
--> Modellierung

Tiefensuche
(deapth-first-search)
In einer Hierarchie von --> Regeln oder --> Objekten bezieht sich die Deapth-first-Suche auf eine Strategie, bei der zuerst eine einzige Regel oder ein Objekt auf dem höchsten Niveau untersucht wird und danach die unmittelbar darunterliegenden

Regeln oder Objekte. Auf diese Weise durchsucht das System von oben nach unten einen ganzen Zweig des Hierarchiebaumes bis zum Ende. *Harmon, King 89, S. 290*

Tiefenwissen
--> Wissen

Toolkit
(Werkzeugkasten)
Vorgefertigte Komponenten, die bei der Entwicklung eines Expertensystems anwendungsspezifisch modifiziert und zusammengefügt werden.
Ludwig, Kurz 91, S. 434

top-down Syntaxanalyse
(top-down parsing, top-down-parser)
Um z.B. ein Satznetz zu durchlaufen, müssen wir zuerst das Nominalphrasennetz durchlaufen. Um ein Nominalphrasennetz zu durchlaufen, muß das erste Wort ein Determinator sein.
Diese Prozedur stellt eine Art der syntaktischen top-down-Analyse dar. Sie wird top-down-Syntaxanalyse genannt, weil alles mit dem Kreieren des Satzknotens am oberen Ende des Syntaxbaumes beginnt und dann eine Abwärtsbewegung erfolgt, bis letztendlich die Worte im Satz erreicht werden. *Winston 87, S. 314*

Ein Top-Down-Parser beginnt beim Startsymbol einer gegebenen --> kontext-freien Grammatik und wendet sukzessive die Produktionen an. Dabei versucht er, eine vorgegebene Zeichenfolge herzustellen. Wird eine Produktionssequenz gefunden, welche das Startsymbol in die gewünschte Symbolkette umwandelt, dann begründet sie zusammen mit Informationen über die angewendeten Produktionen eine Satzanalyse. (--> Bottom-Up-Parser). *Tanimoto 90, S. 384*

Transaktion
Eine Transaktion ist eine durch den Benutzer explizit oder implizit markierte Folge von Anweisungen (Aktionen), die eine Einheit der Integrität und damit der Konsistenz darstellen. *Dadam 80, S. 8*

Eine Transaktion ist eine konsistenzerhaltende Operation auf einer --> Datenbank, d.h. sie läßt die Datenbank in konsistentem Zustand zurück, wenn diese vor Beginn der Transaktion schon konsistent war. *Zehnder 89, S. 26*

Truth-Maintenance-System
--> System

Umschreibung
(circumscription)
Mc Chathy (1980) hat ein formales Verfahren zum nicht-monotonem Schließen vorgeschlagen, das sich auf die Prädikationslogik stützt und einige elegante Merkmale aufweist. Mit diesem Mechanismus lassen sich Ausdrücke, welche eine Art Verbesserung oder closed World Messumption darstellen, zu einer Menge prädikatenlogischer Formeln hinzufügen. *Tanimoto 90, S. 274*

Unifizierung
(unification)
Füllen der Variablen zur Laufzeit der Prozedur durch Pattern-Matching.
Savory 85, S. 31

unsicheres Schließen
--> Schließen

unsicheres Wissen
--> Wissen

vages Wissen
--> Wissen,

Validation
Validation ist der Nachweis, daß eine Abbildung der Realität korrekt ist oder daß der Übergang zwischen verschiedenen Abbildungsformen desselben Sachverhaltes korrekt ist. Sie erfolgt durch eine Kombination aus informellen, formale und enumerativen Verfahren (= Tests). Eine Validation läßt sich im günstigsten Fall empirisch belegen. *Spitta 89, S. 21*

validierende Verfahren
--> Verfahren

Verarbeitung, Symbol-
(symbolic processing)
Es erfolgt keine Verarbeitung von Inhalten von Variablen, sondern eine Manipulation von --> Symbolen, unabhängig von deren aktuellen Inhalt. Das erlaubt die Lösung eines Problems vorzubereiten, auch wenn der Wert eines Symbols erst kurz vor der Beantwortung der Fragestellung bekannt wird. *Ludwig, Kurz 91, S. 433*

Ein Verarbeitungsverfahren, bei dem statt numerischer Werte vor allem --> Symbole zum Tragen kommen. Alle Computer verarbeiten Symbole; die Symbole konventioneller Programme beschränken sich allerdings in erster Linie auf die Darstellung von Zahlen und numerischen Funktionen. In Expertensystemen stellen Symbole neben numerischen Größen auch --> Objekte, Konzepte, Prozesse usw. dar. Expertensysteme "denken", indem sie Symbole verarbeiten.
KI-Systeme haben die Aufgabe, menschliche --> Intelligenz, d.h. Verhaltens- und Denkweisen, zu simulieren. Da menschliche Denkprozesse sich nicht auf Zahlen, sondern auf Symbole stützen, kommt die Methode der Symbolverarbeitung dieser Anforderung am nächsten.   *Behrendt 90b, S. 389*

Vererbung

(inheritance; Wiederverwendbarkeitsmechanismus)
Die Vererbung dient zur ökonomischen Datenhaltung. Statt bei jedem --> Objekt alle Eigenschaften abzuspeichern, strukturiert man die Objekte in einer Hierarchie und speichert nur individuelle Eigenschaften beim Objekt selber ab, während allgemeine Eigenschaften den Vorgängern des Objekts (in der Hierarchie) zugeordnet und allen Nachfolgern (zur Wertzuweisung) vererbt werden.
Puppe 88, S. 29

Ein Vorgang, durch den die Eigenschaften eines --> Objekts gleichzeitig als Eigenschaften eines anderen Objekts angesehen werden. Wenn wir z.B. feststellen, daß ein Vogel ein Tier ist, dann können wir automatisch annehmen, daß dieses Tier alle Eigenschaften von Vögeln aufweist.   *Behrendt 90b, S. 390*

In objektorientierten Sprachen ist das als Vererbungsmechanismus bekannt, mit dem eine neue Klasse durch Erweiterung oder Einschränkung einer zuvor definierten Klassen erzeugt werden kann. Eine Klasse kann als Einschränkung oder Erweiterung einer anderen definiert werden. In einem solchen Fall sagt man, daß die neue Klasse ERBE der anderen ist.   *Meyer 90, S. 67*

Vererbung ist gedacht, um den Aspekt der Verallgemeinerung bzw. der Spezialisierung umzusetzen. Damit ist es möglich **gemeinsame** Abstraktionen verschiedener Klassen zu beschreiben. wichtig ist es, die Vererbung nur dann zu verwenden, wenn die Klassen auf einer gemeinsamen Idee beruhen.
Fiedler 91, S. 141

Vererbung bedeutet, daß man sich bei der Definition einer --> Klasse auf andere Klassen beziehen kann; dort definierte Variablen und Methoden werden ererbt, d.h.

übernommen. Dabei müssen also bei ähnlichen Klassen von --> Objekten gleiche Eigenschaften nicht mehrfach beschrieben werden.
Vererbung ermöglicht somit das Formulieren verwandtschaftlicher abhängiger (taxonomischer) Strukturen von Objekten. *Ludwig, Kurz 91, S. 410*

Vererbung, Default-
(Begriff aus der Objektorientierung)
Bei Defaultvererbung wird für ein vererbtes Merkmal ein Standardwert übergeben. Diese Art der Vererbung findet z.B. bei der Instanziierung statt, wenn dem erzeugten Objekt Initialisierungswerte mitgegeben werden. *Breutmann, Burkhardt 92, S. 61*

Vererbung, dynamische
(Begriff aus der Objektorientierung)
Dynamische Vererbung findet zur Laufzeit statt. Objekte können ihren Zustand, bzw. ihr Verhalten durch Interaktionen zwischen Objekten zur Laufzeit verändern. Die Bandbreite der Möglichkeiten reicht vom Austausch von Variablenwerten bis zur umfassenden Änderung von Merkmalen. *Breutmann, Burkhardt 92, S. 63*

Vererbung, Einfach-
(Begriff aus der Objektorientierung)
Bei Einfachvererbung liegt eine strenge Klassenhierarchie vor: Jede Klasse besitzt höchstens eine Elternklasse. *Breutmann, Burkhardt 92, S. 63*

Vererbung, partielle
(Begriff aus der Objektorientierung)
Bei partieller Vererbung werden bestimmte Merkmale der Elternklasse in der Nachkommenklasse unterdrückt. Auf diese Weise können die ... Default - Eigenschaften behandelt werden. *Breutmann, Burkhardt 92, S. 63*

Vererbung, statische
(Begriff aus der Objektorientierung)
Statische Vererbung ist Existenzvererbung: Die Existenz von Slots wird weitergegeben. Klassen, die durch Spezialisierung aus anderen Klassen hervorgehen, erben deren Merkmale. Objekte, die durch Instanziierung entstehen, erben die Merkmale der Klasse. *Breutmann, Burkhardt 92, S. 63*

Vererbungshierarchie
Sie dient zur ökonomischen Datenhaltung. Statt bei jedem --> Objekt alle seine Eigenschaften abzuspeichern, strukturiert man die Objekte in einer Hierarchie und speichert nur individuelle Eigenschaften beim Objekt selbst ab, während allgemeine

Eigenschaften den Vorgängern des Objektes in der Hierarchie zugeordnet und an alle Nachfolger "vererbt" werden. *Puppe 88, S. 29*

Vererbungsprozeß
--> Prozeß

Verfahren, generisches
(generic task)
Generische Verfahren verbinden ein Problemlösungsverfahren mit der Wissensrepräsentation und der dazugehörigen Inferenzmaschine. Durch diese Vorgaben erleichtern sie dem Knowledge Engineer die Erhebung und Strukturierung des Wissens. *Karbach, Linster 90, S. 61*

Generische Verfahren beschreiben maßgeschneiderte Problemlösungsverfahren. Durch die Interaktion der Verfahrensdefinition mit der Art und Weise, Wissen zu repräsentieren, geben sie eine Struktur vor, in die das Bereichswissen integriert wird, um effiziente Problemlösungen zu erzielen. *Karbach, Linster 90, S. 66*

verhaltensmäßige Objektorientierung
--> Objektorientierung

Verifikation
Verifikation ist ein Korrektheitsbeweis einer formalen Spezifikation. Ein Formalismus in einer Spezifikation trägt für sich noch nichts zur Korrektheit bei, er erleichtert lediglich Übersicht und Handhabbarkeit. *Spitta 89, S. 21*

Verifizierbarkeit
(Softwarequalitätseigenschaft)
Verifizierbarkeit ist das Maß der Leichtigkeit, mit der Abnahmeprozeduren, insbesondere Testdaten und Prozeduren zur Fehlererkennung und -verfolgung während der Validations- und der Betriebsphase erzeugt werden können.
Meyer 90, S. 6

Verkettung
--> Vorwärtsverkettung, --> Rückwärtsverkettung

Verträglichkeit
--> Kompatibilität

Vokabular, Grund-

Ein Element eines Grundvokabulars ist ein Repräsentationskonstrukt, mit dem sich
Sachverhalte darstellen lassen, die so speziell sind, daß sie nicht in jedem Diskursbereich auftreten, jedoch so allgemein, daß sich verschiedene Komplexe Sachverhalte
durch sie beschreiben lassen - ein Grundlagenvokabular ist also domänenspezifisch.
Repräsentationskonstrukte, die ein Grundvokabular bilden, gehören der konzeptu-
ellen Ebene an.   *Reimer 91, S. 16*

volle Objektorientierung

--> Objektorientierung

Vorwärtsverkettung

(forward chaining)

Um mit Regeln vorwärtsgerichtet zu arbeiten, d.h. indem wir von Bedingungen
angegebenen WENN-Teilen zu Aktionen angegebenen DANN-Teilen übergehen,
verwenden wir Vorwärtsverkettung und wir sprechen von vorwärtsverketteten
Bedingungen - Aktionen - Systemen (forward-chaining, condition-action systems),
die Bedingungen - Aktionen -Regeln (condition-action rules) enthalten.
                                                                Winston 87, S. 184

Man schließt von der Anfangssituation auf die Endsituation (also um Schlußfolgerungen aus der --> Datenbasis ziehen zu können), d.h. alle --> Regeln werden
ausgeführt, deren Prämissen anhand von eingegebener oder (durch Regelverknüp-
fung) erschlossener Fakten anwendbar sind.   *Puppe 88, S. 24*

Eine von mehreren Ablaufsteuerungsstrategien, die festlegt, in welcher Reihenfolge
die Schlußfolgerungen gezogen werden. Bei einem regelbasierten --> System
beginnt die Vorwärtsverkettung durch Feststellen aller --> Regeln, deren Wenn-
Aussagen wahr sind. Dann prüft das System, welche weiteren Regeln anhand der
bereits ermittelten --> Fakten zutreffen könnten. Dieser Vorgang wird so lange
wiederholt, bis das Programm ein Ziel erreicht hat oder keine weiteren
Möglichkeiten mehr vorhanden sind.   *Behrendt 90b, S. 390*

Bei der Vorwärtsverkettung wird von - über die Dialogkomponente zu erfragenden -
problembezogenen --> Fakten (Daten) ausgegangen. Das --> Expertensystem prüft,
welche --> Regeln aufgrund der vorgegebenen Daten beachtet werden müssen.
Ausgehend von den vorhandenen Fakten und den damit verbundenen Regeln wird in
der Wissensbank aufsteigend (bottom-up) geprüft, was sich hieraus schließen läßt.
                                                           Hartmann, Lehner 90, S. 40

Wahrscheinlichkeit

(probability)
Verschiedene Ansätze der statischen --> Inferenz, die genutzt werden können, um das mögliche Vorhandensein (Likelihood) einer bestimmten Relation zu schlußfolgern.
--> Expertensysteme haben im großen und ganzen den Wahrscheinlichkeitsansatz vermieden und stattdessen Konfidenzfaktoren (--> Faktoren) eingeführt.
Harmon, King 89, S. 300; Behrendt 90b, S. 391

Werkzeuge

(tools, expert system building tools, shells; Entwicklungswerkzeuge, Expertensystemwerkzeuge)
Werkzeug in einem --> wissensbasierten System ist der Oberbegriff für Programmiersprachen, KI-Programmiersprachen, Wissensverarbeitungssprachen und Expertensystem-Shells, also jedes sprachliche Ausdrucksmittel, das zur Entwicklung eines wissensbasierten Systems benutzt werden kann.   *Kurbel 89, S. 110*

Hier hat der Begriff "Werkzeuge" die Bedeutung von Computer-Softwarepaketen, durch deren Einsatz der zur Entwicklung von --> Expertensystemen notwendige Arbeitsaufwand verringert wird. Die meisten Werkzeuge enthalten eine --> Inferenzmaschine und verschiedene Benutzerschnittstellen und Wissenserwerbskomponenten, aber keine --> Wissensbasis, Expertensystemwerkzeuge enthalten in der Regel gewisse restriktive Merkmale, die ihren Einsatz für bestimmte Zwecke erleichtern und für andere Zwecke schwer bis unmöglich machen. Vor dem Kauf eines Werkzeugs sollte man sorgfältig erwägen, ob das Werkzeug für das spezielle Expertensystem, das man entwickeln will, geeignet ist. Im weiteren Sinne ist ein Werkzeug eine Shell (Umgebung, Schale), die es dem Benutzer erlaubt, schnell ein System mit spezifischen Daten zu entwickeln. Eine Schale z.B. kann der Experte u.U. mit Hilfe des Wissensingenieurs benutzen, um ein Expertensystem zu erstellen, das Ratschläge über einen speziellen Problemtyp geben kann. *Behrendt 90b, S. 391*

Werkzeug, hybrides

--> Expertensysteme werden als hybrid bezeichnet, wenn sie verschiedene --> Wissensrepräsentationsformen (Regeln, Frames Constraints, semantische Netze) verwenden. Neuerdings werden verschiedene Techniken wie konventionelle Expertensystemtechniken und numerale Netze zu hybriden Werkzeugen kombiniert.
Ludwig, Kurz 91, S. 388

Wert

(Value)
Eine Quantität oder --> Qualität, die zur näheren Beschreibung eines Attributs dient.
Behrendt 90b, S. 391

Wiederverwendbarkeit
(äußerer Softwarequalitätsfaktor)
Die Wiederverwendbarkeit von Softwareprodukten ist die Eigenschaft, ganz oder teilweise für neue Anwendungen wiederverwendet werden zu können.
Meyer 90, S. 5

Wissen
(knowledge)
Wissen wird definiert als eine Menge von Daten und deren Interpretation.
Bullinger, Fähnrich 88, S. 188

Wissen (im Kontext der KI) wird als der formale Teil eines speziellen "know how" verstanden, während Fragen nach dem "know what", die für den menschlichen Experten nicht weniger wichtig sind, unberücksichtigt bleiben.
Coy, Bonsiepen 89, S. 44

Wissen besteht aus (ist gleichbedeutend mit) reproduzierbaren bewährten Modellen eines Gegenstandsbereiches, d.h. aus Modellen, die sich im betrachteten Gegenstandsbereich verifizieren und wiederholbar formulieren lassen, die sich in der rationalen aktiven Arbeit in diesem Bereich bewährt haben. *Dörne 89, S. 22*

Der Begriff des "Wissens" ist keineswegs einfach zu fassen. Man kann aber vielleicht doch zwischen faktischem Wissen (Daten, Fakten, "Know What") und prozeduralem Wissen (Abläufen, "Know-how") unterscheiden. Das entspricht der klassischen Dualität der Informatik, wie sie im Titel von Wirths Buch "Data + Algorithmus = Programs" zum Ausdruck kommt. Dabei muß man sich klar machen, daß faktisches und prozedurales Wissen substituierbar sind. *Kohlas 89, S. 241*

Ansammlung von Kenntnissen, Erfahrungen und Problemlösungsmethoden zur Lösung von Aufgaben in bestimmten (insbesondere diffusen) Anwendungsbereichen. *Behrendt 90b, S. 391*

Unter Wissen versteht man allgemein ein extrahiertes Abbild der gesamten Wirklichkeit bestehend aus einer Menge von wahren Aussagen über die reale Welt, speziell innerhalb der Rechneranwendung das in einem Rechner nachgebildete --> Modell bzw. Teilmodell.
In der --> Künstlichen Intelligenz wird abgrenzend dann von Wissen gesprochen, wenn bei einer gegebenen Menge von Informationen
- die Zahl der auftretenden unterschiedlichen Informationsstrukturen im Verhältnis zu ihrer Wiederholung hoch ist (**Komplexitätskriterium**),
- die Zahl der Relationen zwischen den Informationselemente im Verhältnis zu ihrer Anzahl hoch ist (**Konnektivitätskriterium**). *atp 2/90, S. 4*

Wissen von einem Agenten geglaubte Aussagen, die sowohl "wahr" sind als auch
von diesem begründet werden können.   *Laubsch 91, S. 9*

Wissen, definitiv
(--> Fakten)
Es besitzt das Merkmal der Überzeugung, Gewißheit und Sicherheit.
Schefe 87, S. 220

Wissen, deklaratives
Unter deklarativem Wissen versteht man die Beschreibung von Sachverhalten, die
keine Angaben über die Konstruktion und den Gebrauch desselben enthalten.
Hennings, Munter 85, S. 70

Unter deklarativem Wissen (factual/declarativ Knowledge versteht man eine einfache, rein statische Ansammlung von "beschreibenden" Wissenspositionen (Die Normalspannung im Bauteil X ist größer als die zulässige Spannung nach DIN).
Hartmann, Lehner 90, S. 36

Wissen eines Systems
Es ist die Menge der --> Modelle, die ein System über Zustand, Struktur und Verhalten vom eigenen System und von der Außenwelt hat.   *Spröwitz 90, S. 15*

Wissen, Erfahrungs-
(experimential knowledge)
Wissen, das durch unmittelbare Erfahrung gewonnen wird. Es besteht typischer
Weise aus spezifischen Fakten und Faustregeln (--> Oberflächenwissen, -->
Heuristiken). Im Unterschied dazu steht das --> Tiefenwissen, das formale
Prinzipien bzw. Theorien umfaßt.   *Harmon, King 89, S. 300*

Unter Erfahrungswissen versteht man z.B. Analogien, Assoziationen, Verallge-
meinerungen, hypothetische Verknüpfungen, intelligente Defaults, Heuristiken,
Daumregeln und gesammelte, erfaßte Erfahrungen.   *Savory 89, S. 22*

Wissen, Experten-
(expert knowledge; Fachwissen, Expertenwissen, Expertise)
Unter Expertenwissen wird die Ansammlung von Kenntnissen, Fakten, Daten sowie
von Problemlösungsmethoden, Regeln, Prozeduren verstanden, die eine
Zugehörigkeitswahrscheinlichkeit bzw. eine Erfolgswahrscheinlichkeit von
Prozedurfolgen bei Aufgaben zugeordnet haben, die aus durchgeführten interaktiven
Problemlösungen stammen.   *Bullinger, Fähnrich 88, S. 180*

Die Fähigkeiten und Kenntnisse einzelner Personen, deren Leistung auf einem
bestimmten Gebiet weit über dem Durchschnitt liegt. Das Expertentum besteht oft in
riesigen Informationsmengen in Verbindung mit Faustregeln, Vereinfachungen,
wenig bekannten Fakten und klugen Verfahrensweisen, die eine effiziente Analyse
besonderer Problemtypen ermöglichen. *Harmon, King 89, S. 289*

Wissen, Fach-

Das Fachwissen. des Systems ist meist nur als heuristisches Oberflächenwissen.
(grobe Zusammenhänge) dargestellt, Tiefenwissen. (Wissen über kausale
Zusammenhänge und Wirkungsmechanismen) ist jedoch selten implementiert.
Florath 88, S. 191

Wissen, Fakten-

(Orientierung am Gebrauch des Wissens) Fallspezifisches Wissen, welches a priori
bekannt ist, vom Benutzer erfragt oder bereits abgeleitet wurde.
Ludwig, Kurz 91, S. 381

Wissen, formales

Formales Wissen besitzt eine genau definierte äußere Gestalt und kann deshalb mit
alleinigem Bezug auf seine äußere Form verarbeitet werden. Seinen Inhalt erhält
man durch eine Interpretation, bei der den syntaktischen Konstruktionen bestimmte
Sachverhalte aus dem Diskursbereich zugeordnet werden.
Lunze, Schwarz 90, S. 113

Wissen, heuristisches

Heuristisches Wissen enthält Aussagen über die inneren Zusammenhänge brauchen
nicht weiter begründbar zu sein. Der Experte muß sie nur genügend oft beobachtet
haben, um sie für gültig zu betrachten. Notfalls versieht er sie noch mit Sicherheitsfaktoren wie meist oder höchst wahrscheinlich, um auch mit Ausnahmen fertig zu
werden. Solches Wissen läßt sich in --> Regeln formulieren. *Schumacher 90, S. 64*

Wissen, immanentes

Es setzt sich aus den Informationen zusammen, die für die --> Entitäten des betrachteten Diskursbereichs wesentlich und charakteristisch sind bzw. die unabhängig
von konkreten Situationen gelten. *Helbig 91, S. 75*

Wissen, kausales

Kausales Wissen besteht aus Wissen über Aufbau, Funktion und Zweck von technischen und biologischen Systemen. Es eignet sich u.a. zum Erlernen von assoziativem Wissen, zur Transformation von einer --> Wissensrepräsentation in eine

andere, zur adäquaten Erklärung der aus assoziativem Wissen abgeleiteten Problemlösungen, zur Plausibilitätskontrolle, zum Erkennen von Ausnahmen empirischer Regeln.
Puppe 88, S. 16

Wissen, kompiliertes
(geballtes Wissen)
Indem ein Mensch Wissen erwirbt und es in --> Chunks und Netze organisiert, wird dieses Wissen kompiliert. Einige Individuen kompilieren Wissen zu immer abstrakteren und theoretischen Gebilden (--> Tiefenwissen). Andere kompilieren Wissen als Ergebnis von praktischen Erfahrungen (--> Oberflächenwissen). Expertenwissen besteht aus großen Mengen von kompiliertem Wissen.
Harmon, King 89, S. 294

Wissen, Kontroll-
(Steuerungswissen, Metawissen, Orientierung aus Gebrauch des Wissens)
Es steuert den Gebrauch des Ableitungswissens.
Ludwig, Kurz 91, S. 399

Wissen, Meta-
Metawissen ist Wissen über die richtige Anwendung von Wissen bzw. Regeln (Wissen über Wissen). Wissen das etwa darstellt, welche --> Regeln wofür geeignet sind oder welche vor anderen herangezogen werden sollten. Sinnvollerweise wertet man diejenigen Regeln zuerst aus, von denen man annimmt, daß sie am schnellsten zur Entscheidung führen. Welche Regeln dies sind, kann aber nicht von vornherein festgelegt werden. Eine optimale Reihenfolge ergibt sich erst im Verlauf der Prüfung.
Kurbel 89, S. 61

Wissen, Meta-Kognition-
Unter Meta-Kongnitionen verstehen wir Wissen, über die von Experten eingesetzten kognitiven Strategien bzw. Wissen über die kognitiven Anforderungen der von ihnen behandelten Aufgaben.
Diederich 88, S. 221

Wissen, Oberflächen-
(surface knowledge, experimential knowledge, heuristic knowledge; Erfahrungswissen, heuristisches Wissen, empirisches Wissen)
Oberflächenwissen ist Wissen, in dem einzelne Wissensinhalte assoziativ miteinander verknüpft werden, ohne daß solche Inhalte näher begründet werden.
Kippe 88, S. 156

Oberflächenwissen hat heuristischen Charakter und gründet sich auf Erfahrungswissen, das beim Lösen von konkreten Problemen entworfen wurde.
Hartmann, Lehner 90, S. 36

--> Heuristik und fachspezifische Theorien, auf die sich Experten typischerweise berufen, d.h. durch Erfahrung gewonnenes Wissen, das zur Lösung praktischer Probleme eingesetzt wird (dadurch kann der Suchraum für das Problem des Spezialgebiets der Experten verkleinert werden. *Ludwig, Kurz 91, S. 410*

Wissen, philosophisches

Das Wissen eines Informationsverarbeitungssystems ist die in bestimmten Repräsentationsformen dargestellte und gespeicherte Menge von Informationen über ontologische Entitäten, wobei eine ausgezeichnete Menge dieses Wissens, Wissen über die Realisation von Informationsverarbeitungsprozessen ist, mit dem gesamten Wissen werden inhaltsdeterminierte Informationsverarbeitungsprozesse realisiert, die das Wissen und die mit ihm realisierten Informationsverarbeitungsprozesse selbst wider verändern. *Kiefer 88, S. 72*

Wissen, problemspezifisches

Es ist zunächst informell, denn es hat die Form von Sätzen, Diagrammen oder Tabellen und erfüllt noch keine Vorgaben bezüglich seiner äußeren Form. *Lunze, Schwarz 90, S. 112*

Wissen, prototypisches

Prototypisches Wissen besteht aus Default-Aussagen. Eine Aussage heißt Default-Aussage, wenn sie eine Angabe zu einem Sachverhalt macht, der in der Regel zutrifft, aber in Einzelfällen falsch sein kann. *Reimer 91, S. 24*

Wissen, prozedurales

(procedural knowledge)

Prozedurale Wissensrepräsentation ist dagegen nicht statisch im Sinne des deklarativen Wissens, da eine entsprechende Aktion ausgeführt wird. Details der Aktion sind in Verarbeitungsanweisungen abgelegt (Die Normalspannung ergibt sich mit der Formel: Normalspannung = Normalkraft/Fläche. *Hartmann, Lehner 90, S. 36*

Wissen, Sach-

Sachwissen besteht aus Fakten- und Regelwissen. Faktenwissen wird in Datenbanken gespeichert. Zum Sachwissen gehört Regelwissen über Ablaufverfahren und jenes algorithmisches Wissen, das wir in unseren Computerprogrammen formalisiert haben. *Savory 89, S. 22*

Wissen, situatives

Es umfaßt die Informationen, die die Einbettung der Entitäten in bestimmte Situationen betreffen und die nicht für diese Entitäten charakteristisch sind.

Helbig 91, S. 76

Wissen, statisches

Für Objekte wird häufig der Begriff statisches Wissen, für Regeln dynamisches Wissen benutzt.

Ludwig, Kurz 91, S. 431

Wissen, Tiefen-

(deep knowledge)
Wissen über grundlegende Theorien, Grundprinzipien, Axiome und Fakten einer Wissensdomäne.

Harmon, King 89, S. 300

Tiefes Wissen ist Wissen, das aus grundlegenden, wissenschaftlich anerkannten Prinzipien gewonnen wird, beispielsweise Wissen basierend auf Gesetzmäßigkeiten und Modellen der Mechanik oder Physik (Beispiel: Modelle, die mit sich ändernden physikalischen Größen beschrieben werden, etwas über ein Differentialgleichungssystem.)

Hartmann, Lehner 90, S. 36

Wissen, tolerantes

Dafür ist eine Epsilon-Umgebung um das definierte Wissen zu legen. Es gilt dann alles als Wissen, das "etwa gleich" dem sicheren Wissen ist.

Schefe 87, S. 222

Wissen, ungenaues

bei Zulassung von Wissenseinheiten in Form von nicht elementaren.

Schefe 87, S. 220

Wissen, ungesichertes

Es ist dadurch gekennzeichnet, daß es häufig aktualisiert werden muß, da neue dem bisherigen Wissen widersprechende Situationen eintreten. Ungesichertes Wissen bezieht sich auf den Sachverhalt, daß die Dinge noch in Fluß sind und häufig mit neuen Erkenntnissen zu rechnen ist. (Nicht zu verwechseln mit unsicherem Wissen. Dieses drückt eine Unsicherheit in empirisch gewonnenem Wissen).

Schumacher 90, S. 65

Wissen, unsicheres

(partielles, vages Wissen, Vermutungen, Heuristiken)
Hypothesen sind mit geschätzten Wahrscheinlichkeitswerten versehen.

Schefe 87, S. 220

Unsicheres Wissen kann das Expertensystem intern verarbeiten, beispielsweise
durch folgende Methoden:
Unbekannt: Die meisten Expertensysteme akzeptieren "unbekannt" als mögliche
Antwort des Anwenders und versuchen dann auf anderem Weg das fehlende Wissen
zu ermitteln bzw. stützen sich auf default values.
Konfidenz- und Sicherheitsfaktoren legen statische und Wahrscheinlichkeits-
theoretische Annahmen zugrunde, verfügen über Algorithmen, die den Grad der
Unsicherheit bzw. der Wahrscheinlichkeit von Aussagen berechnen.
--> Bayes'sches Theorem (Wahrscheinlichkeitsfaktoren): probabilistische Unsicher-
heit) statistische und Wahrscheinlichkeitstheoretische Annahmen, Algorithmen. Zur
Berechnung einer Wahrscheinlichkeit zieht man die Bayer'sche Regel heran. Dabei
werden das Eintreten eines Ereignisses A unter der Voraussetzung, daß das Ereignis
B schon eingetreten sei und eine a priori Wahrscheinlichkeit in Beziehung gesetzt.
--> Logik, Fuzzy-, --> Dempster-Shafer-Theorie   *Ludwig, Kurz 91, S. 435*

Wissen, unvollständiges
Wissenseinheiten fehlen und dies ist explizit vermehrt.   *Schefe 87, S. 220*

Wissensakquisition
--> Wissenserwerb

Wissensakquision, modellbasierte
Bei der modellbasierten Wissensakquisition wird das erhoben Wissen nicht direkt in
Implementierungsformalismen abgebildet, sondern ein **konzeptuelles Modell** der
Expertise vermittelt zwischen Experte und --> Wissensbasis. Die modellbasierte
Wissensakquisition basiert auf drei Hauptthesen:
- Die Wissensanalyse findet weitgehend vor der Wissensimplementierung statt. Das
  Ergebnis der Wissensanalyse ist ein konzeptuelles Modell der Expertise.
- Der Wissensingenieur wird bei der Wissensakquisition durch **vorgefertigte
  generische Modelle** unterstützt.
- Konzeptuelle Modelle beschreiben Expertise in abstrakter, **implementierungs-
  unabhängiger** Form.   *Karbach 89, S. 13*

Wissensbank
(knowledge base)
Eine Wissensbank besteht aus einer Sammlung mehrerer Wissensbasen.
          Bullinger, Fähnrich 88, S. 188

Wissensbasis

(knowledge base)
Wissensmenge (meist fachlich eingegrenztes Spezialwissen, (--> Wissensdomäne),
die mit Hilfe einer formalen Beschreibung (--> Wissensrepräsentation) dargestellt
und gespeichert wurde.   *Savory 85, S. 30*

Eine Wissensbasis ist eine Verwaltungskomponente für Wissenseinheiten, die die
gemeinsame Bearbeitung über Elemente ermöglicht. Zu den ausübbaren Aufgaben
gehören: Speicherung auf externen Medien, Visionskontrolle und -verwaltung, etc.
Mehrere Wissensbasen zusammen bilden eine Wissensbank.
                                                      Bullinger, Fähnrich 88, S. 189

Der Teil eines KI-Systems, der strukturierte Kenntnisse und heuristische Regeln
enthält, die zur Problemlösung herangezogen werden. KI-Systeme, die mit einer
Wissensbasis arbeiten, werden als wissensbasierte Systeme bezeichnet. Bei einem
Expertensystem enthält die Wissensbasis im allgemeinen ein Modell des Problems,
Kenntnisse über das Verhalten der Objekte und die Wechselwirkungen zwischen
den Objekten im betreffenden Problembereich sowie einen gewissen Grad an
Allgemeinwissen.   *Behrendt 90b, S. 386*

Die Wissensbasis ist ein --> Modell des --> Wissens über einen --> Diskursbereich.
                                                       Lunze, Schwarz 90, S. 113

wissensbasierte Methode

--> Methode

Wissensbasiertes System

(knowledge based system)
Computer-Systeme, die Wissen beinhalten, und zwar neben Faktenwissen auch mit
Unsicherheiten behaftetes, heuristisches und subjektives Wissen. Die Formulierung
dieses Wissens ist das Resultat des Knowledge Engineering.   *Savory 85, S. 30*

Wissensbasiertes System zeichnen sich durch den Einsatz neuartiger
Systembeschreibungsverfahren (objektorientierte Beschreibung, Logikkalküle, -->
semantische Netze) in einer Reihe von Anwendungsfeldern (Spracherkennung,
Bildverarbeitung, Robotersysteme) aus.   *König, Behrendt 89, S. 89*

Expertensysteme sollte man sich vorerst einmal als Programmsysteme vorstellen,
mit denen die Fachkompetenz von Experten - die sich auf einem eng umgrenzten
Bereich hervorragend auskennen - in einer Wissensbank gebündelt und EDV-
gerecht zur Lösung von Problemen bereitgestellt wird. Da das Wissen eine zentrale
Rolle spielt, werden Expertensysteme auch als Wissensbasierte Systeme (Know-

ledge based systems) und die Datenverarbeitung mit wissensbasierten Systemen als Wissensverarbeitung bezeichnet. *Hartmann, Lehner 90, S. 2*

Wissensdarstellung
--> Wissensrepräsentation

Wissensdomäne
--> Domäne

Wissenserwerb
(knowledge acquisition; Wissensakquisition)
a) Aneignung von Wissen durch Menschen.
b) Übertragung von Wissen auf Computersysteme.
Wissenserwerb ist das Lernen von symbolischer Information zusammen mit der Fähigkeit, diese Information auf effektive Weise anzuwenden. Das bloße Einüben von Fertigkeiten (engl.: skills) ist zwar auch Lernen, aber kein Wissenserwerb.
Bullinger, Fähnrich 88, S. 189

Wissenserwerb wird als ein Prozeß der schrittweisen Formalisierung verstanden. Von natürlich-sprachlichen Texten und Expertenäußerungen ausgehend wird bis zur formal-sprachlichen Realisierung Wissen analysiert und immer neu evaluiert bis der angestrebte Vollständigkeits- und Spezialisierungsgrad erreicht ist.
Diederich 88, S. 219

Unter dem Begriff sind Prozesse der Identifikation von Verfügungswissen über automatisierbare Arbeitsabläufe, der Formalisierung des Wissens in einer formalen Beschreibungssprache und der Änderung und Erweiterung der erstellten Wissensbasis zusammengefaßt. *Coy, Bonsiepen 89, S. 58*

Der Vorgang, Wissen zu orten, zu sammeln und zu verfeinern. Er umfaßt unter anderem Interviews mit Experten, Bibliotheksstudium und Selbstbeobachtung (Introspektion). Die Person, die den Wissenserwerb durchführt (--> Knowledge Engineer) muß das angesammelte Wissen so formulieren, daß es von einem Computerprogramm verarbeitet werden kann. *Harmon, King 89, S. 301*

Der Vorgang der Gewinnung des Wissens aus dem Experten sowie die entsprechende Formalisierung und Umsetzung in ein Computerprogramm wird "Knowledge Akquisition" genannt. *Pfeifer 89, S. 276*

Beim Wissenserwerb geht es um eine präzise Formalisierung des Wissens von Experten und um eine automatische Übersetzung in eine günstigere interne Repräsentation. *Seese 89, S. 9*

Der Wissenserwerb umfaßt die Erfassung, Formulierung und Gliederung des
Wissens, dessen Transformation in die vom wissensbasierten System verwendete
Form der Wissensrepräsentation, die Wissenseingabe sowie die Überprüfung des
Wissens auf Widerspruchsfreiheit und Vollständigkeit.   *atp 2/90, S. 6*

Prozeß der Erarbeitung von --> Wissen, d.h. die Identifikation von Wissenselementen in den Aussagen von Experten sowie die Herauslösung der standardisierten
Bestandteile aus verschiedenen Problemlösungsverfahren.   *König 90, S. 31*

Wissenserwerb ist der Schritt zwischen der Formulierung der Problemstellung und
der Modellbildung, in dem problemspezifisches Wissen ermittelt und informell notiert wird.   *Lunze, Schwarz 90, S. 116*

Die ersten Phasen des Knowledge Engineering, von der Erhebung und Strukturierung der Daten bis hin zur ersten Repräsentation werden im allgemeinen als
Wissenserwerb bezeichnet.   *Paal 90, S. 56*

Wissensakquisition ist kein bloßer Wissenstransfer aus dem Kopf des Experten in
eine Wissensbasis sondern eine komplexe Modellierungsaktivität. *Tank 92, S. 144*

Wissenserwerbskomponente
(knowledge acquisition component)
Für Expertensysteme besteht die Aufgabe, wie das Wissen eines (vieler) Experten in
ein Programm transferiert werden kann. Ferner sind Experten eines Gebietes meist
keine Programmierer und so muß ihnen ein "Mittler" zur Seite gestellt werden.
Diese Aufgabe fällt der Wissenserwerbskomponente und dem Knowledge Engineer
in Zusammenarbeit mit dem Bereichsexperten zu.   *Bullinger, Fähnrich 88, S. 189*

Wissenserwerbsmethoden
--> Interview (Laddering), Konstrukt-Gitter Verfahren, --> Protokollanalyse (lautes
Denken), --> Textanalyse.   *Diederich 88, S. 220*

--> schriftliche Befragung, --> Gruppendiskussion, --> Beobachtung, --> Brain-
storming, --> Delphi-Methode, --> Inhaltsanalyse, --> Sekundäranalyse, --> Review,
--> Dialoge, --> Induktion.   *Schirmer 88, S. 69*

Wissensingenieur
--> Engineer

Wissensmodell
Wissensmodelle sind notwendig, um die Bedeutung des Wissens zu erfassen, das in
einem wissensbasierten System gespeichert werden soll. Sie spielen also eine

ähnliche Rolle wie Datenmodelle für Datenbanksysteme. Ein Wissensmodell bietet eine konzeptuelle Basis für das Denken über eine wissensbasierte Anwendung und eine formale Basis für Methoden und Werkzeuge, die man in der Entwicklung eines wissensbasierten Systems verwendet.   *Reinecke 90, S. 122*

Wissensmodellierung

Wissensmodellierung als Teilaufgabe der Wissensrepräsentation betrifft die inhaltliche Frage der Auswahl von Kategorien zur Darstellung des betrachteten Weltbereichs, Festlegung ihrer Zwischenbeziehungen und darauf bezogener Schlußmöglichkeiten etc. Das heißt, es handelt sich in erster Linie um eine Design-Tätigkeit, die jedoch nicht ohne vorangehende Analyse der zu modellierenden Wissensdomäne vorgenommen werden kann. Diese Analyse ist neben der Erhebung des maßgeblichen Wissens eine Hauptaufgabe der Wissensakquisition.

Görz 93, S. 731

Wissensrepräsentation

(knowledge representation)
Formale Beschreibung der Darstellung eines Wissensbereiches (z.B. in Form eines semantischen Netzes oder in Form von Produktionsregeln).   *Savory 85, S. 31*

Die Wissensrepräsentation ist ein Teilgebiet der Künstlichen Intelligenz, das sich mit der Darstellung von Wissen in Computersystemen befaßt. Der Begriff wird verwendet für spezifische Darstellungen von Wissenseinheiten: objektorientierte Wissensrepräsentation, frame-based Knowledge Representation, etc.

Bullinger, Fähnrich 88, S. 190

Die Methode, die zur Kodierung und Speicherung von Fakten und Relationen in einer Wissensbank angewandt wird. (Semantische Netze, Objekt-Attribut-Wert-Tripel, Produktionsregeln und logische Ausdrucke sind Modelle der Wissensrepräsentation.)   *Harmon, King 89, S. 302*

Bei der Wissensrepräsentation geht es um eine geeignete Formalisierung und Darstellung des Wissens eines bestimmten Anwendungsbereiches, wobei es einerseits um eine für den Nutzer verständliche Formalisierung und zum anderen um eine möglichst effektiv verarbeitbare rechnerinterne Darstellung geht.   *Seese 89, S. 8*

Ziel der Wissensrepräsentation besteht in der Überführung von Wissen in eine durch den Rechner verarbeitbare Form.
Der Begriff der Wissensrepräsentation wird in zwei Bedeutungen gebraucht. Zum einen bezeichnet er den Prozeß der Umformung informellen Wissens in formalisiertes Wissen: Wenn diese Bedeutung hervorgehoben werden soll, wird im folgenden auch die Bezeichnung Modellbildung verwendet. Zum anderen wird mit der Wissensrepräsentation das Ergebnis der Modellbildung bezeichnet.

Lunze, Schwarz 90, S. 112

Wissensrepräsentation bezeichnet nach Brachmann und Levesque das Aufschreiben von Symbolen, die in einer erkennbaren Weise einem Ausschnitt einer zu repräsentierenden Welt entsprechen. Das Aufschreiben von Strukturen erst dann eine Repräsentation ergibt, wenn es eine Interpretationsvorschrift gibt, die mindestens die Formulierung und die Auswertung von Anfragen (optimal auch von Änderungsoperationen) auf diesen Strukturen zuläßt.   *Reimer 91, S. 13*

Unter einer Wissensrepräsentation versteht man ein symbolisch dargestelltes (-->) Modell eines Wissensbereiches aus Objekten, Fakten und Regeln in operationaler Form für einen Handlungsträger mit symbolverarbeitender Kompetenz. Als wichtigstes Prinzip der Wissensrepräsentation gilt, daß Wissen über Fakten und Relationen in einem Wissensausschnitt explizit (deklarativ) kodiert werden muß, so daß interpretative Prozeduren es verarbeiten können.   *Wachsmuth 92, S. 20*

Wissensrepräsentation - wie sie hier verstanden wird - ist untrennbar mit einer Realisierung auf einem Computer verbunden. Daraus ergibt sich die Charakterisierung dieser Aufgabe als Abbildung einer gewissen System-Ebene (der "Wissensebene, "Knowledge Level") auf eine niedrigere Ebene (der "Symbolebene") innerhalb eines Rechensystems. Anschaulicher besteht die Aufgabe darin:
- Datenstrukturen und
- Zugriffsfunktionen auf diese Datenstrukturen zu definieren.   *Behrendt 90b, S. 391*

Die Methode, die zur Kodierung und Speicherung von Fakten und Relationen in einer Wissensbank angewandt wird. Semantische Netzwerke, Objekt-Attribut-Wert-Tripel, Regeln, Frames und logische Ausdrücke sind Modelle zur Wissensrepräsentation.   *von Luck 91, S. 3*

Wissensrepräsentation, deklarative
(declarative knowledge representation)
Der deklarativen Wissensrepräsentation liegt die Annahme zugrunde, daß man das Problem der Repräsentation von Wissen weitgehend unabhängig von den Methoden zur Anwendung dieses Wissens betrachten kann. Wissen wird als eine Menge von Fakten angesehen und diese Fakten werden wiederum als Datenstruktur repräsentiert. Diese Fakten beschreiben Elemente der Welt (Objekte, Ereignisse, Relationen) zwischen den Elementen, sowie Zustände dieser Elemente. Auf dieser statischen Wissensbasis operiert ein aktiver Verarbeitungsteil, der selbst kein Wissen enthält und daher auch unabhängig vom speziellen Inhalt der Wissensbasis ist.
Das ausgeprägteste Beispiel für deklarative Repräsentation sind Wissensbasen, die auf der Grundlage der Prädikatenlogik erster Ordnung erstellt werden. Aussagen über den zu repräsentierenden Bereich der Welt werden in logische Formeln übersetzt. Diese Formeln werden als Axiome in das System aufgenommen. Mögliche Schlußfolgerungen sind alle Formen, die mit Hilfe der Schlußregeln aus

den Axiomen ableitbar sind. Das Einfügen neuer Formeln beeinflußt die Menge der bisher ableitbaren Schlüsse nicht (Monotonie). *Bullinger, Fähnrich 88, S. 179*

Methode zur Darstellung von Wissen (also zur Zustandsbeschreibung). Die Wissensrepräsentation ist auf eine reine Beschreibung von Sachverhalten beschränkt und enthält grundsätzlich keine Angaben über die Anwendung des Wissens eines konkreten Problems. Ein Großteil ist als statische Sammlung von Fakten dargestellt. Es gibt eine kleine Zahl allgemeiner Verfahren zur Bearbeitung der Fakten. Jede Wissenseinheit wird nur einmal gespeichert. Vorteil: Neue Wissenseinheiten können recht einfach hinzugefügt, modifiziert und entfernt werden. (Prädikatenlogik, semantische Netze. DAW-Tripel). *Kurbel 89, S. 37*

Wissensrepräsentation, objektorientierte
(framebasierte Wissensrepräsentation)
Die objektorientierte Wissensrepräsentation ist ein Formalismus, um die Datenbasis besser zu strukturieren (Framekonzept), mit Wissen über ihre Verwendung auszustatten (zugeordnete Prozeduren) und ökonomisch abzuspeichern (Vererbungshierarchien). *Puppe 88, S. 29*

Wissensrepräsentation, prozedurale
(procedural knowledge representation)
Bei der deklarativen Wissensrepräsentation wird Wissen über Elemente der Welt repräsentiert. Dagegen geht es bei der prozeduralen Wissensrepräsentation um Wissen über die Anwendung von Wissen, um den Zugriff auf Fakten, das Ziehen von Schlüssen, etc. (Metawissen). Dies beruht auf der Annahme, daß spezielles Wissen dazu notwendig ist, um Wissen aus einem bestimmten Bereich sinnvoll anwenden zu können.
Dies steht in starkem Widerspruch zur deklarativen Auffassung. Dort wird eine strikte Trennung zwischen dem epistemologischen, die eigentliche Repräsentation des Wissens betreffenden Aspekt, und dem heuristischen, die Verarbeitung dieses Wissens betreffenden Aspekt gemacht.
Beim prozeduralen Schema besteht die Wissensbasis aus einer Menge von Prozeduren (in einer Programmiersprache). Wissen manifestiert sich hier prozedural, das System "weiß" etwas, wenn es über eine Prozedur verfügt, die die entsprechenden Aktionen durchführt. (In diesem Sinne weiß ein Programm z.B. wie man quadriert, wenn es über eine Prozedur verfügt, die Terme quadriert.)
Bullinger, Fähnrich 88, S. 186

Der aktive Gebrauch von Wissen (also das Problemlösen steht im Vordergrund. Angaben, wie das Wissen benutzt bzw. konstruiert werden soll, werden bereits für die Darstellung verwendet. *Ludwig, Kurz 91, S. 421*

Wissensrepräsentationsform

Sie wird durch die Festlegung von Strukturen zur Darstellung von Wissen sowie den dazugehörigen Interpretationsregeln definiert. Folgende Forderungen sind zu berücksichtigen:
- Ausdrucksfähigkeit,
- Uniformität,
- Erhaltung von Strukturen.   *Lunze, Schwarz 90, S. 114*

Wissensrepräsentationsmodell

Darunter wird ein Konzept (paradigma, Schema), durch das festgelegt wird,
- welche Wissenselemente (WE) explizit durch Angaben der Elemente dargestellt werden,
- welche WE implizit durch die Angabe von Beziehungen zwischen den Elementen repräsentiert werden,
- welche Operationen mit den WE möglich sind,
- durch welche Inferenzmethoden implizit gespeichertes Wissen explizit verfügbar gemacht werden kann.   *Lunze, Schwarz 90, S. 115*

Wissensrepräsentationsmethoden

Bewährt sind Frames, Regeln und Logik.   *Puppe 88, S. 28*

Wissensrepräsentationssprache

Durch eine Syntax festgelegte Sprache, um die durch ein Wissensrepräsentationsmodell unterstützten Repräsentationsstrukturen auch notieren zu können.
                                                            Reimer 91, S. 13

Wissenssystem

(knowledge system, knowledge-based system; wissensbasiertes System)
Ein Computerprogramm, das Wissen und Inferenzverfahren zur Lösung schwieriger Probleme verwendet. Das Wissen, das notwendig ist, um auf diesem Niveau zu operieren, sowie die verwendeten Inferenzverfahren können als Modell für das Expertentum erfahrener Fachleute angesehen werden.   *Behrendt 90b, S. 391*

Wissenssystem, kleines

(small knowledge systems)
Unter kleinen Wissenssystemen versteht man im allgemeinen Systeme, die weniger als 500 Regeln enthalten. Sie dienen zur Unterstützung bei komplexen Analysen und Entscheidungssituationen, ohne daß sie mit menschlichen Experten konkurrieren könnten.   *Harmon, King 89, S. 294*

Darunter versteht man im allgemeinen Systeme, die weniger als 1000 Regeln enthalten. Sie dienen dazu, Unterstützung bei komplexen Analysen, Diagnosen und Entscheidungssituationen oder bei Beratungsproblemen zu bieten.

Behrendt 90b, S. 386

Wissensverarbeitung
(knowledge engineering, knowledge processing)
Wissensverarbeitung ist ein Prozeß der Anwendung von semantischen Transformationen auf Wissensstrukturen. Wissensverarbeitung gliedert sich auf in drei Aspekte:
- Wissenserwerb
- Wissensnutzung
- Wissensrepräsentation.

Bullinger, Fähnrich 88, S. 190

Zeitmarke
(time stamp)
Unter dem Begriff Zeitmarke in Verbindung mit Synchronisationsverfahren verstehen wir temporäre Zeichen an Objekten von Transaktionen. Es entsteht dadurch eine jung- älter- Relation zwischen Transaktionen.

Dadam 80, S. 19

Zielhierarchie
Unter diesem Begriff ist eine hierarchische --> Strukturierung eines ungeordneten Zielkataloges vom groben zum Feinen zu verstehen. Damit wird ein besserer Überblick über die Anforderungen, die an eine neue Lösung gestellt werden, erreicht und Doppelspurigkeiten und Widersprüche sind leichter zu bereinigen

Litke 91, S. 228

Zwei-Phasen-Sperrprotokoll
In Zwei-Phasen-Sperrprotokollen dürfen in einer Transaktion Sperren erst frei gegeben werden, nachdem alle notwendigen Sperren gesetzt worden sind. (Also Phase 1 = Sperren setzen, Phase 2 = Sperren lösen).

Zehnder 89, S. 197

Apel, D. Petri-Netze für Ingenieure. Berlin, Heidelberg: Springer, 1990.

atp. atp-Supplement 2/90. Wissensbasierte Systme. Zusammenstellung und Beschreibung wichtiger Begriffe. Terminologiepapier der GMA. München, Wien: R. Oldenbourg, 1990.

Balzert, H. Die Entwicklung von Softwaresystemen: Prinzipien, Methoden, Sprachen, Werkzeugen. Mannheim: Bibliografisches Institut, 1992.

Balzer, D.; May, V.; Starke, U. "Wissensgestützte Prozeßführung". atp, Automatisierungstechnische Praxis 34(1992)1. München, Wien: R. Oldenbourg, 1992, 36-43.

Behrendt, R. "Wissensverarbeitung - Eine einführende Zusammenfassung". Behrendt, R. (Hrsg.) Angewandte Wissensverarbeitung - Die Expertensystemtechnologie erobert die Informationsverarbeitung. München, Wien: R. Oldenbourg, 1990a, 9-25.

Behrendt, R. "Glossar". Behrendt, R. (Hrsg.) Angewandte Wissensverarbeitung - Die Expertensystemtechnologie erobert die Informationsverarbeitung. München, Wien: R. Oldenbourg, 1990b, 383-392.

Belke, W.; Grainchen, D.; Stairus, M. Nichtmetrische Klassifizierung von Informationen. Berlin: Akademie, 1979.

Benz, Th. Funktionsmodelle in CAD-Systemen. Düsseldorf: VDI, 1990.

Bibel, W. "Wissensbasierte Softwareentwicklung". Brauer, W.; Radig, B. (Hrsg.) Wissensbasierte Systeme. Informatik Fachberichte 112. Berlin, Heidelberg: Springer, 1985, 17-41.

Böhnke, G. "Projektmanagement wissensbasierter Systeme". Behrendt, R. (Hrsg.) Angewandte Wissensverarbeitung - Die Expertensystemtechnologie erobert die Informationsverarbeitung. München, Wien: R. Oldenbourg, 1990, 179-213.

Breutmann, B.; Burkhardt, R. Objektorientierte Systeme - Grundlagen - Werkzeuge - Einsatz. München, Wien: Carl Hanser, 1992.

Brewka, G. Nichtmonotones Schließen. KI 2/89 - Künstliche Intelligenz. München, Wien: R. Oldenbourg, 1989, 20.

Bullinger, H.-J. Künstliche Intelligenz in Konstruktion und Arbeitsplanung. Landsberg / Lech: Moderne Industrie, 1989.

Bullinger, H.-J.; Fähnrich, K.P. Expertsysteme: Wissensbasierte Systeme in der betrieblichen Anwendung. Ehningen bei Böblingen: Expert, 1988.

Bullinger, H.-J.; Kornwachs, K. Expertsysteme: Anwendungen und Auswirkungen im Produktionsbetrieb. München: Beck, 1990.

Bünger, J. Ein lernendes Mustererkennungssystem zur betrieblichen Prozeßsteuerung. Entwicklung eines Expertensystems. Bergisch Gladbach-Köln: Eul, 1988.

Busch, R. "Editorial". Informatik - Spektrum 15(1992)5, 253-254.

Butz, U. Zur Analyse und Gestaltung des Projektierungsprozesses sowie dessen Automatisierbarkeit, dargestellt am Beispiel von Elektroenergiesystemen. (Diss.) Leipzig: TH-Leipzig, 1983.

Christaller, T.; DiPrimio, F.; Voss, A. Einführung in Constraint -Systeme. Die KI-Werkbank Babylon. Bonn: Addison-Wesley, 1989.

Coy, W.; Bonsiepen, L. Erfahrungen und Berechnung - Kritik der Expertensystemtechnik. Informatik Fachberichte 229. Berlin, Heidelberg: Springer, 1989.

Cunis, R.; Günter, A. "PLACON - eine Übersicht über das System". Cunis, R.; Günter, A.; Strecker, H. (Hrsg.) Das PLAKON - Buch. Informatik Fachberichte 266. München, Wien: Springer, 1991, 37-57.

Dadam, P. Sychronisation in verteilten Datenbanken: Ein Überblick. Informatik Berichte Nr.4, 9/80. Hagen: Fernuniversität, 1980.

Denert, E. Software Engineering. Berlin, Heidelberg: Springer, 1991.

Diederich, J. "Wissenserwerbsmethoden und Wissensrepräsentation in KRITON" Heyer, G.; Krems, J; Görz, G (Hrsg.) Wissensarten und ihre Darstellung. Informatik Fachberichte 169. München, Wien: Springer, 1988, 219-226.

DIN 44300 Teil 2 Informationsverarbeitung; Begriffe; Informationsdarstellung. DIN-Taschenhandbuch 25. Begriffe der Informationstechnik. Berlin: Beuth, 1989, 147-157.

DIN 44300 Teil 3 Informationsverarbeitung; Begriffe; Datenstrukturen. DIN-Taschenhandbuch 25. Begriffe der Informationstechnik. Berlin: Beuth, 1989, 158-164.

DIN 6763 Nummerierung; Grundbegriffe. DIN-Taschenhandbuch 25. Begriffe der Informationstechnik. Berlin: Beuth, 1989, 18-27.

DIN 66027 Informationsverarbeitung; Programmiersprache FORTRAN. DIN-Taschenhandbuch 166. Begriffe der Informationstechnik. Berlin: Beuth, 1989, 101-106.

DIN 66201 Teil 1 Prozeßrechensysteme; Begriffe. DIN-Taschenhandbuch 25. Begriffe der Informationstechnik. Berlin: Beuth, 1989, 294-299.

DIN 66234 Teil 8 Bildschirmarbeitsplätze; Grundsätze ergonomische Dialoggestaltung. DIN-Taschenhandbuch 166. Begriffe der Informationstechnik. Berlin: Beuth, 1989, 236-257.

DIN 66241 Informationsverarbeitung; Entscheidungstabelle; Beschreibungsmittel. DIN-Taschenhandbuch 166. Begriffe der Informationstechnik. Berlin: Beuth, 1989, 242-257.

Dittrich, K. R. "Objektorientierte Datenmodelle als Basis komplexer Anwendungssysteme". Wirtschaftsinformatik, Braunschweig: Friedr. Viehweg & Sohn, 32(1990)2.

Dorffner, G. Konnektionismus. Von neuronalen Netzwerken zu einer "natürlichen" KI. Stuttgart: B.G. Teubner, 1991.

Dörne, H. "Wissensrepräsentation - Ideen, Aspekte, Formalismen". Grabowski, J.; Jantke. K.P.; Thiele, H. Grundlagen der Künstlichen Intelligenz. Berlin: Akademie, 1989, 21-57.

Duden Fremdwörterbuch. Mannheim, Wien, Zürich: Duden, 1990. Band 5.
Düspohl, R. Konstruktgitter - Verfahren. KI 2/90 - Künstliche Intelligenz. München, Wien: R. Oldenbourg, 1990.

Eaglesham, G. "CAD: State of the Art". Computer Aided Design Vol.11, Nr.2 (1979), 85-91.
Eberlein, H. CAD-Datenbanksysteme: Architektur technischer Datenbanken für integrierte Ingenieursysteme. Berlin, Heidelberg: Springer, 1984.
edv a. EDV - Aspekte. Berlin: Technik, 9(1990)1.
Eigner, M. Ch. "Semantische Datenmodelle als Hilfsmittel der Informationshandhabung in CAD-Systemen und deren programmtechnische Realisierung auf Kleinrechnern". Fortschrittsberichte der VDI-Zeitschriften. Düsseldorf: VDI, 1980.
Eisenhauer, R. Objektorientierte Systementwicklung, Modellierung und Realisierung komplexer Systeme. Berlin, München: Siemens, Nixdorf Informationssysteme AG, 1991.
Engmann, U. "Weiterentwicklung der Projektierungsmethodik für Automatisierungsanlagen". (Diss B) Ilmenau: TH-Ilmenau, 1988.
Endres, A.; Uhl, J. "Objektorientierte Softwareentwicklung". Informatik - Spektrum 15(1992)5, 255-263.

Ferstl, O.K.; Sinz, E.J. "Objektmodellierung betrieblicher Informationssysteme im semantischen Objektmodell (SOM)". Wirtschaftsinformatik, Braunschweig: Friedr. Viehweg & Sohn, 32(1990)6, 566-581.
Fiedler, J; Rix, K.F.; Zöller, H. Objektorientierte Programmierung in der Automatisierung. Düsseldorf: VDI, 1991.
Fink, T. Entwurf eines verteilten CODASYL-DBS gemäß den Konzepten eines allgemeinen 3-Ebenen-Architekturmodells. (Diss.) Berlin: TU Berlin, 1982.
Fischer, R. PC-Expertensysteme. Haar bei München: Mark & Technik, 1989.
Florath, P. "Expertensysteme - internationaler Stand und Tendenzen". Dresden: INFO'88, 1988, Heft1, 188-192.
Floyd, Ch. "Softwareentwicklung als Realitätskonstruktion". Lippe, M.-W. (Hrsg.) Software-Entwicklung. Informatik Fachberichte 212. Berlin, Heidelberg: Springer, 1989, 1-20.
Früchtenicht, H. W. (Hrsg.) Technische Expertensysteme: Wissensrepräsentation und Schlußfolgerungsverfahren. München, Wien: R. Oldenbourg, 1988.

Gabriel, R. Wissensbasierte Systeme in der betrieblichen Praxis. Hamburg, New York: McGraw-Hill, 1992.

Geppert, A.; Dittrich, K.R. "Objektstrukturen in Datenbanksystemen oder Auf der Suche nach voller Objektorientierung". Appelrath, H.J. (Hrsg.) Datenbanksysteme im Büro, Technik und Wirtschaft. Informatik Fachberichte 270. Berlin, Heidelberg: Springer, 1991, 421-429.

Gillenson, M. Datenbankkonzepte, Datenbanken, Netzwerke, Expertensysteme. Düsseldorf: Sybex, 1990.

Görz, G. (Herg.) Einführung in die künstliche Intelligenz. Bonn: Addison-Wesley, 1993.

Grabowski, J. "Mathematische Fragestellungen aus der Künstlichen Intelligenz". Grabowski, J.; Jantke. K.P.; Thiele, H. Grundlagen der Künstlichen Intelligenz. Berlin: Akademie, 1989, 58-79.

Gryczan, G.; Züllighoven, H. "Objektorientierte Softwareentwicklung - Leitbild und Entwicklungsdokumente". Informatik - Spektrum 15(1992)5, 264-272.

Günter, A. Extertensysteme für Konstruktionsaufgaben. KI 3/90 - Künstliche Intelligenz. München, Wien: R. Oldenbourg, 1990.

Habel, Ch. "Logische Systeme und Repräsentationsprobleme". Neumann, B. (Hrsg.) GWAI 83. Informatik Fachberichte 76. Berlin, Heidelberg: Springer, 1983, 118-142.

Habel, Ch. "Künstliche Intelligenz - Woher kommt sie, wo steht sie, wohin geht sie?". v. Luck, K. (Hrsg.) Künstliche Intelligenz. Informatik Fachberichte 203. Berlin, Heidelberg: Springer, 1989, 1-21.

Haggenmüller, R.;Kazmeier, J. "Objektorientiertes Modellieren". Held, G. (Hrsg). Objektorientierte Systementwicklung. Modellierung und Realisierung komplexer Systeme. Berlin, München: Siemens Nixdorf Informationssyteme AG, 1991, 4-52.

Harmon, P; King, D. Expertensysteme in der Praxis. München, Wien: R. Oldenbourg, 1989.

Hartmann, M.; Lehner, K. Technische Expertensysteme. Berlin, Heidelberg: Springer, 1990.

Hein, M.; Tank, W. "Assoziative Konfiguration". Marburger, H. (Hrsg.) GWAI 90. Informatik Fachberichte 251. Berlin, Heidelberg: Springer, 1990, 75-84.

Hein, H.-W. "Grundlagen von Expertensystemen". Herden, W.; Hein, H.-W.; Voß, H. (Hrsg.) Realisierung von Expertensystemen. Implementierungen in fünf Entwicklungsumgebungen. München, Wien: R. Oldenburg, 1992, 19-41.

Heinze, D. Ein regelorienterter Ansatz als Grundlage einer Theorie rechnerunterstützter ingenieurtechnischer Arbeitsprozesse dargestellt am Beispiel für Elektroenergieanlagen. (Diss.) Leipzig: TH-Leipzig, 1991.

Helbig, H. Künstliche Intelligenz und automatische Wissensverarbeitung. Berlin: Technik, 1991.

Heller, H. "Objektorientierte Programmierung (OOP)". ist 2/91 Intelligente Softwaretechnologien. München, Wien: R. Oldenbourg, 1991, 60.

Hennings, R. D.; Munter, H. Expertensysteme: Grundlagen, Entwicklungen, Anwendungen, Trends und Konsequenzen. Belin: Mathware, 1985.

Hennings, R. D. "Entwicklung und Anwendung von wissensbasierten Systemen/Expertensysteme in Japan". KI 4/90 - Künstliche Intelligenz. München, Wien: R. Oldenbourg, 1990, 49-54.

Herden, W.; Hein, H.-W.; Voß, H. (Hrsg.) Realisierung von Expertensystemen. Implementierungen in fünf Entwicklungsumgebungen. München, Wien: R. Oldenbourg, 1992.

Herzberg, J. "Planen". KI 1/90 - Künstliche Intelligenz. München, Wien: R. Oldenbourg, 1990, 22.

Heuer, A. Objektorientierte Datenbanken: Konzepte, Modelle, Systeme. Bonn, München, Paris: Addison - Wesley, 1992.

Hughes, J. K.; Michtom, J.I. Strukturierte Software-Herstellung. Anleitung für Programmierer und Manager. München, Wien: R. Oldenbourg, 1985.

Jablonski, St. Datenverwaltung in verteilten Systemen. Informatik Fachberichte 233. Berlin, Heidelberg: Springer, 1990.

Jäger, K.-W. (Hrsg.) Schnittstellen bei CAD/CAE-Systemen. Grundlagen, Anwendungsbeispiele, Problematik, Lösungsansätze. Düsseldorf: VDI, 1991.

Karbach, W. "Modellbasierte Wissensakquisition". KI 4/89 - Künstliche Intelligenz. München, Wien: R. Oldenbourg, 1989.

Karbach, W.; Linster, M. Wissensakquisition für Expetrensysteme. München, Wien: Carl Hanser, 1990.

Kerndlmaier, M. "Grundlagen der technischen Diagnostik". Herden, W.; Hein, H.-W.; Voß, H. (Hrsg.) Realisierung von Expertensystemen. Implementierungen in fünf Entwicklungsumgebungen. München, Wien: R. Oldenbourg, 1992, 43-62.

Kiefer, E. "Wissen und Intelligenz". Heyer, G.; Krems, J.; Görz, G. (Hrsg.) Wissensarten und ihre Darstellung. Informatik Fachberichte 169. Berlin, Heidelberg: Springer, 1988, 67-82.

Killenberg, H.; Knauf, R. "Aspekte des Entwurfes wissensverarbeitender Systeme". 33. IWK, Vortragsreihe B, Heft 3. Ilmenau: TH-Ilmenau, Okt. 1988, 85-89.

Kippe, J. "Komponentenorientierte Repräsentation technischer Systeme". Früchtenicht, H.W. (Hrsg.) Technische Expertensysteme: Wissensrepräsentation und Schlußfolgerungsverfahren. München, Wien: R. Oldenbourg, 1988, 155-227.

Kloeppel, F.W.; Butz, U.; Winoslawski, W.N.; Prachownik, A.W. Entwurf und Projektierung von Elektroenergieversorgungssystemen. Leipzig: Deutscher Verlag für Grundstoffindustrie, 1980.

König, W.; Behrendt, R. "Die Produktion von Expertensystemen". Angewandte Informatik 3/89(AI). Braunschweig: Friedr. Vieweg & Sohn, 1989, 95-101.

König, W. "Expertensysteme als Baustein moderner Informationssysteme". Behrendt, R. (Hrsg.) Angewandte Wissensverarbeitung - Die Expertensystemtechnologie erobert die Informationsverarbeitung. München, Wien: R. Oldenbourg, 1990, 27-53.

Kohlas, J. "Künstliche Intelligenz: Eine besondere Form der Informatik?". Savory, St.E. (Hrsg.) Expertensysteme: Nutzen für Ihr Unternehmen. München, Wien: R. Oldenbourg, 1989, 237-259.

Koller, R. Konstruktionslehre für Maschinenbau. Berlin, Heidelberg: Springer, 1985.

Konrad, W.; Mittelbach, H. Expertis. Haar bei München: Mark & Technik, 1989.

Krallmann, H. Expertensysteme im praktischen Einsatz. Leistungen, Probleme, Perspektiven. Berlin: Weidler, 1987.

Krause, F.-L. Methoden zur Gestaltung von CAD-Systemen, (Diss.) Berlin, 1976.

Kruck, P. Methodische Software Entwicklung. (Diss.) Wuppertal: Universität Wuppertal, FB ET, 1987.

Krückeberg, F.; Spaniol, O. Lexikon Informatik und Kommunikationstechnik. Düsseldorf: VDI, 1990.

Kurbel, K. Entwicklung und Einsatz von Expertensystemen - Eine anwendungsorientierte Einführung in wissensbasierte Systeme. Berlin, Heidelberg: Springer, 1989.

Kutscher, R. Methode zur systematischen Entwicklung von fachspezifischer Software für rechnerunetrstützte Projektierungssysteme am Beispiel von Elektroenergieanlagen. (Diss.) Leipzig: TH-Leipzig, 1985.

Laubsch, J. "Einführung zum Gegenstand einer Theorie der Wissensdarstellung". Struß, P. (Hrsg.) Wissensrepräsentation. München, Wien: R. Oldenbourg, 1991, 9-17.

Lehmann, E. Wissensverarbeitung, Expertensysteme, AI-Tools. Berlin, Heidelberg: Springer, 1988.

Lehmann, E. "Wissensrepräsentation". von Luck, K. (Hrsg.) Künstliche Intelligenz. Informatik Fachberichte 203. Berlin, Heidelberg: Springer, 1989, 52-77.

Lindner, U.; Trautloft, R. Grundlagen der problemorientierten Programmentwicklung. Berlin: Technik, 1987.

Lindner, U.; Trautloft, R. Datenbanken: Entwurf und Anwendung. Berlin: Technik, 1991.

Litke, H. D. Projektmanagment. Methoden, Techniken, Verhaltensweisen. München, Wien: Carl Hanser, 1991.

Loeper, H.; Jäckel, H.; Otter, W. Compiler und Interpreter für höhere Programmiersprachen. Berlin: Akademie, 1987.

Ludwig, B.; Kurz, E. "Glossarium Expertensysteme und künstliche Intelligenz". Warnecke, H.J.; Bullinger, H.-J. (Hrsg.) IAO-Forum Expertensysteme in Produktion und Engineering. Forschung und Praxis. Bd. T 23. Berlin, Heidelberg: Springer, 1991.

Lunze, J.; Schwarz, W. Künstliche Intelligenz - Einführung und technische Anwendungen. Berlin: Technik, 1990.

Lutz, T. Ein statistisches Datenbankmodell. (Diss.) Stuttgart: Universität Stuttgart, 1976.

Menhardt, W. "Fuzzy Sets". KI 1/89 - Künstliche Intelligenz. München, Wien: R. Oldenbourg, 1989, 11.

Mertens, P; Borkowski, V.; Geis, W. Betriebliche Expertensysteme. 2.Auflage. Betriebs- und Wirtschaftsinformatik. Berlin, Heidelberg: Springer, 1990.

Mertens, H.; Heiden, Th.K. " Ein wissensbasierter Ansatz zur Unterstützung des Konstruktionsprozesses bei der Anwendung von Berechnungsmethoden". Konstruktion 44 (1992). Berlin, Heidelberg: Springer, 1992, 1-6.

Meuche, H.-F. "Expertensysteme - eine neue Qualität der Nutzung von Computersystemen.". edv-aspekte 9. Jg. 1/1990. Berlin: Technik, 1990, 2-7.

Meyer, B. Objektorientierte Softwareentwicklung. München, Wien: Carl Hansa, 1990.

Mitschang, B. Ein Molekül-Atom-Datenmodell für Non-Standard-Anwendungen. Informatik Fachberichte 185. Berlin, Heidelberg: Springer, 1988.

Mittermaier, P. "Objektverwaltung". Held, G. (Hrsg.). Objektorientierte Systementwicklung, Modellierung und Realisierung komplexer Systeme. Berlin, München: Siemens, Nixdorf Informationssysteme AG, 1991, 127-139.

Müller, D. Technisches Wörterbuch: Mikroprozessorsysteme. Berlin: Technik, 1983.

Nebendahl, D. Expertensysteme: Einführung in Technik und Anwendung. München, Wien: R. Oldenbourg, 1987.

Noelke, U. "Das Wesen des Knowledges Engineering". Savory, St.E. (Hrsg.) Expertensysteme und Künstliche Intelligenz. München, Wien: R. Oldenbourg, 1985, 91-123.

Oberweis, A.; Sander, P.; Stucky, W. "Modellierung von Abläufen in NF2-Datenbanken durch höhere Petri-Netze". Studer, R. (Hrsg). Informationssysteme und Künstliche Intelligenz: Modellierung. Informatik Fachberichte 303. Berlin, Heidelberg: Springer, 1992, 95-112.

Österle, H.; Brenner, W.; Hilbers, K. Unternehmensführung und Informationssysteme: der Ansatz des St. Gallener Informationssystem-Managements. Stuttgart: Teubner, 1992.
Otto, W. "Objektorientiertes Programmieren. Grundlagen". Held, G. (Hrsg).
Objektorientierte Systementwicklung. Modellierung und realisierung komplexer
Syteme. Berlin, München: Siemens Nixdorf Informationssyteme AG, 1991, 53-
61.

Paal, Th. "Auswahlgesichtspunkte der Wissenserwerbstechniken". KI 2/90 -
Künstliche Intelligenz. München, Wien: R. Oldenbourg, 1990, 56-61.
Pfeifer, R. "Knowledge Acquisition und Lernen: zwei fundamentale Probleme".
Savory, St.E. (Hrsg.) Expertensysteme: Nutzen für Ihr Unternehmen. München,
Wien: R. Oldenbourg, 1989, 275-296.
Pieroth, G. K. "Wissensbasierte Systeme als Bestandteil einer CIM-Strategie".
Behrendt, R. (Hrsg.) Angewandte Wissensverarbeitung - Die Expertensystem-
technologie erobert die Informationsverarbeitung". München, Wien: R. Olden-
bourg, 1990, 331-355.
Pötschke, D.; Lunze, J. Künstliche Intelligenz und Automatisierungstechnik.
Heidelberg: Hüthig, 1989.
Puppe, F. Diagnostisches Problemlösen mit Expertensystemen. Berlin, Heidelberg:
Springer, 1987.
Puppe, F. Einführung in Expertensysteme. Berlin, Heidelberg: Springer, 1988,
1991.
Puppe, F. "Wissensrepräsentationen und Problemlösungsstrategien in Experten-
systemen". von Luck, K. (Hrsg.) Künstliche Intelligenz. Informatik Fachbe-
richte 203. Berlin, Heidelberg: Springer, 1989, 167-187.
Puppe, F. Problemlösungsmethoden in Expertensystemen. Berlin, Heidelberg:
Springer, 1990.

Rahmsdorf, G. "Orientierung zur Wissensrepräsentation". Rahmsdorf, G. (Hrsg.).
Wissensrepräsentation in Expertensystemen. Informatik Fachberichte 172. Ber-
lin, Heidelberg: Springer, 1988, 1-15.
Rakow, Th. "Aspekte der Concurrency Control in objektorientierten Datenbank-
systemen". Appelrath, H.J. (Hrsg.) Datenbanksysteme im Büro, Technik und
Wirtschaft. Informatik Fachberichte 270. Berlin, Heidelberg: Springer, 1991,
485-501.
Reimer, U. Einführung in die Wissensrepräsentation. Stuttgart: B.G.Teubner, 1991.
Reinecke, R. "Entwicklung eines wissensbasierten Systems auf der Basis eines
Wissensmodells". Behrendt, R. (Hrsg.) Angewandte Wissensverarbeitung - Die
Expertensystemtechnologie erobert die Informationsverarbeitung. München,
Wien: R. Oldenbourg, 1990, 113-151.

Reinfrank, M. "Begründungsverwaltung". KI 2/89 - Künstliche Intelligenz. München, Wien: R. Oldenbourg, 1989.

Riedewald, G.; Maluszynski, J.; Dembinski, P. Formale Beschreibung von Programmiersprachen. Berlin: Akademie, 1983.

Rugenstein, J. CAD für Konstrukteure. Heidelberg: Hüthig, 1990.

Samlowski, W. "Projektmanagment in kommerzieller Expertensystementwicklung: Tiger im Tank - Esel am Steuer". Künstliche Intelligenz, 9.Frühjahrsschule (KIFS 91), Günne/Möhnesee, 1991. Abs.23. (erschienen in den Proceedings der Online 1991, Band "Kolloquium XPS", Hamburg).

Savory, St. E. "Artificial Intelligence - Stae of the art 1984 " Savory, St. E. (Hrsg.) Künstliche Intelligenz und Expertensysteme. München, Wien: R.Oldenbourg, 1985, 13-34.

Savory, St. E. Expertensysteme: Nutzen für Ihr Unternehmen. Leitfaden für Entscheidungsträger. München, Wien: R. Oldenbourg, 1989.

Schaefer, H. "Probleme mit neuen Methoden im Software Engineering". Lippe, W.-M. (Hrsg.) Software-Entwicklung. Informatik Fachberichte 212. Berlin, Heidelberg: Springer, 1989, 258-265.

Schäfer, H. CAD/CAM Planung langfristiger Gesamtkonzeptionen. Düsseldorf: VDI, 1990.

Schefe, P. Informatik - eine konstruktive Einführung. Reihe Informatik 48. Mannheim, Wien, Zürich: Bibliographisches Institut, 1985.

Schefe, P. Künstliche Intelligenz - Überblick und Grundlagen: grundlegende Konzepte und Methoden zur Realisierung von Systemen der Künstlichen Intelligenz. Reihe Informatik 53. Mannheim, Wien, Zürich: Bibliographisches Institut, 1987.

Schirmer, K. "Techniken der Wissensakquisition". KI 4/88 - Künstliche Intelligenz. München, Wien: R. Oldenbourg, 1988, 68-71.

Schmidt, D. Persistente Objekte und objektorientierte Datenbanken. Konzepte, Architektur, Implementierung und Anwendung. München, Wien: R. Oldenbourg, 1991.

Schneider, H.-J. Lexikon der Informatik und Datenverarbeitung. München, Wien: R.Oldenbourg, 1983.

Schnuch, M. "Implementierung in IF/Prolog". Herden, W.; Hein, H.-W.; Voß, H. (Hrsg.) Realisierung von Expertensystemen. Implementierungen in fünf Entwicklungsumgebungen. München, Wien: R. Oldenbourg, 1992, 167-194.

Schnupp, P.; Leibrandt, U. Expertensysteme - Nicht nur für den Informatiker. 2. Auflage. Berlin, Heidelberg: Springer, 1988.

Schoen, S.; Sykes, W. Künstliche Intelligenz und Expertensysteme: Konzepte - Entwicklung - Anwendung. Düsseldorf: Sybek, 1990.

Schönthaler, F.; Németh, T. Software-Entwicklungswerkzeuge: Methodische Grundlagen. Leitfäden der angwandten Informatik. Stuttgart: B.G. Teubner, 1990.

Schuhmacher, D. "Wege zum Expertensystem". Behrendt, R. (Hrsg.) Angewandte Wissensverarbeitung - Die Expertensystemtechnologie erobert die Informationsverarbeitung. München, Wien: R. Oldenbourg, 1990, 55-76.

Schulz, A. Software-Entwurf: Methoden und Werkzeuge. München, Wien: R. Oldenbourg, 1992.

Schulze, H. H.; Das RORORO-Computerlexikon. Reinbeck bei Hamburg: Rowolth Taschenbuch, 1988.

Seese, D. "Mathematische Probleme der Künstlichen Intelligenz". spectrum 20(1989)3. Berlin: Akademie, 1989, 8-10.

Sieverding, H. Methoden und Hilfsmittel zum Modellübergang beim rechnerunterstützten methodischen Konstruieren. Braunschweig: TU Braunschweig, Institut für Konstruktionslehre, 1990.

Silberbusch, P. "Methoden der Wissensrepräsentation". Behrendt, R. (Hrsg.) Angewandte Wissensverarbeitung - Die Expertensystemtechnologie erobert die Informationsverarbeitung. München, Wien: R. Oldenbourg, 1990, 159-178.

Sneed, H. M. "Software-Engineering-Überblick". PIK (Praxis der Informationsverarbeitung und Kommunikation). 12(1989)1, 11-18.

Sösemann, F. "Programmieren des Programmierens - Ein Ansatz zur Automatisierung der Software-Entwicklung". Lippe, W.M. (Hrsg.) Software-Entwicklung. Informatik-Fachberichte 212. Berlin, Heidelberg: Springer, 1989, 183-200.

Soltysiak, R. "Wisensbasierte Prozeßführung". Krems, J. Expertensysteme im Einsatz. Erfahrungsberichte der ersten Generation. München, Wien: R. Oldenbourg, 1989, 117-128.

Spitta, Th. Softwareengineering und Prototyping. Berlin, Heidelberg: Springer, 1989.

Spröwitz, R. Modellierung und Entwurf strukturierter wissensbasierter Softwaresysteme für die Automatisierung von EES. (Diss.) Leipzig: TH-Leipzig, 1990.

Spur, G. Datenbanken für CIM. Berlin, Heidelberg: Springer, 1992.

Staud, J. L. Online Datenbanken Aufbau, Struktur, Abfragen. Bonn, München: Addison Wesley, 1991.

Stoyan, H. "Wissensrepräsentation oder Programmierung". Struß, P. (Hrsg.) Wissensrepräsentation. München, Wien: R. Oldenbourg, 1991a, 43-59.

Stoyan, H. Programmiermethoden der künstlichen Intelligenz. (Studienreihe Informatik Bd.2). Berlin Heidelberg: Springer, 1991b.

Strecker, H. "Das Projekt TEX-K". Cunis, R.; Günter, A.; Strecker, H. (Hrsg.) Das PLAKON - Buch. Expertensystemkern für Planungs- und Konfigurationsaufgaben in technischen Domänen. Informatik Fachberichte 266. Berlin, Heidelberg: Springer, 1991, 4-11.

Tanimoto, Steven L. Künstliche Intelligenz: die Grundlagen. München, Wien: R. Oldenbourg, 1991.

VDI-Richtlinie 5007 E Wissensbanken in der Anwendung (Entwurf). 1992.
Vetter, M. Aufbau betrieblicher Informationssysteme mittels konzeptioneller Datenmodellierung. Leitfaden der angewandten Informatik. Stuttgart: B.G. Teubner, 1989.
Vetter, M. Strategie der Anwendungssoftware - Entwicklung, Planung, Prinzipien, Konzepte. Stuttgart: B.G. Teubner, 1990.
Vinek, G.; Rennert, P.F.; Tjoa, A.M. Datenmodellierung: Theorie und Praxis des Datenbankentwurfes. Würzburg, Wien: Physika, 1982.
von Luck, K. "Wissensrepräsentation: Ein Überblick." Informatik Fachberichte 203. Berlin, Heidelberg: Springer, 1989.

Wachsmuth, I. "Wissensrepräsentation und kognitive Modelle". Studer, R. (Hrsg.) Informationssysteme und Künstliche Intelligenz: Modellierung. Informatik Fachberichte 303. Berlin, Heidelberg: Springer, 1992, 20-22.
Winston, P.H. Künstliche Intelligenz. Bonn: Addison Wesley, 1987. Tank, W. "Modellierung von Konfigurierungsaufgaben mit AMOR". Studer, R. (Hrsg.) Informationssysteme und Künstliche Intelligenz: Modellierung. Informatik Fachberichte 303. Berlin, Heidelberg: Springer, 1992, 144-157.
Wittmann, A., Klos, J. Wörterbuch der Datenverarbeitung, mit Anwendungsgebieten in Industrie, Verwaltung und Wirtschaft. München, Wien: R. Oldenbourg, 1987.

Zehnder, C.A. Informationssysteme und Datenbanken. Verlag der Fachvereine an den schweizerischen Hochschule und Techniken. Zürich, 1989.

WEITERE BÜCHER ZUM THEMA INFORMATIK

Software-Zuverlässigkeit
Grundlagen, konstruktive Maßnahmen,
Nachweisverfahren.
Hrsg. VDI-Gemeinschaftsausschuß
Industrielle Systemtechnik.
1993. 328 S., 72 Abb., 5 Tab. DIN A5.
Br. DM 98,00
ISBN 3-18-401185-2

Christine Wolfinger
Keine Angst vor UNIX
Ein Lehrbuch für Einsteiger.
6. Aufl. 1992. XII, 296 S., 46 Abb.
DIN A5. Br. DM 48,00
ISBN 3-18-401296-4

Christine Wolfinger
**Das Brevier für den
UNIX-Systemverwalter**
Dateiinformationen – Die wesentlichen
Zusammenhänge – Eine Auswahl der wich-
tigsten Kommandos auf UNIX-System V.3.
2. Aufl. 1992. VI, 153 S., 2 Abb.
17 x 13 cm. Spiralheftung. DM 44,00
ISBN 3-18-401271-9

Vittorio Anastasio
Wörterbuch der Informatik
Dictionary of Informatics.
Deutsch – Englisch – Französisch –
Italienisch – Spanisch.
1990. X, 362 S., DIN A5.
Kt. DM 128,00
ISBN 3-18-400982-3

Bernd Lindemann
Lokale Rechnernetze
Einführung und praktische Beispiele.
1991. IX, 245 S., 66 Abb., 6 Tab.
DIN A5. Br. DM 58,00
ISBN 3-18-401092-9

Otto Spaniol/Karl Jakobs
Rechnerkommunikation
OSI-Referenzmodell, Dienste und
Protokolle.
1993. XVI, 242 S., 221 Abb., 65 Tab.
DIN A5. Br. DM 98,00
ISBN 3-18-401207-7

Horst Zöller/Heiko Loewe
PC-Host-Kommunikation
Konzepte, Einsatzmöglichkeiten,
Anwendungsbeispiele.
1993. 255 S., 64 Abb. DIN A5.
Br. DM 78,00
ISBN 3-18-401248-4

Horst Zöller
**Wiederverwendbare Software-
Bausteine in der Automatisierung**
1991. X, 278 S., 95 Abb.
DIN A5. Br. DM 78,00
ISBN 3-18-401119-4

Jörg Fiedler/Karl F. Rix/Horst Zöller
**Objekt-orientierte Programmierung
in der Automatisierung**
1991. X, 271 S., 70 Abb., 1 Tab.
DIN A5. Br. DM 78,00
ISBN 3-18-401120-8

Horst Zöller/Heiko Loewe
FORTH in der Automatisierung
Einsatzmöglichkeiten und Anwendung.
1990. X, 274 S., 63 Abb.
DIN A5. Br. DM 68,00
ISBN 3-18-401056-2

Ljubomir Christov
**Objektorientierte
Programmiersprache C++**
Vollständige Einführung anhand von
Beispielen.
1992. VIII, 258 S., 12 Abb.
DIN A5. Br. DM 58,00
ISBN 3-18-401233-6

Bernd Schäffus
Das Betriebssystem OPEN VMS
Einführung und Praxis für Einsteiger und
Fortgeschrittene.
2. Aufl. 1993. 597 S., 127 Abb.
DIN A5. Br. DM 68,00
ISBN 3-18-401346-4

Eberhard Bappert
Erstellen modularer Software
Mit Pascal zur objektorientierten
Programmierung.
1993. 411 S. DIN A5.
Br. DM 98,00
ISBN 3-18-401177-1

Bitte fordern Sie das Gesamtverzeichnis Bücher an. Die Bücher erhalten Sie im Buchhandel oder über den:

VDI VERLAG
Postfach 10 10 54, 40001 Düsseldorf
Telefon 02 11/61 88-0, Fax 02 11/61 88-133

Das technische Wissen der GEGENWART

Das Lexikon

Der VDI-Verlag startet erstmals eine Sammlung von lexikalischen Werken zu bedeutenden Fachdisziplinen der Technik: Ein Meilenstein in der Geschichte der technisch-wissenschaftlichen Literatur.

Aufgabe dieser Fachlexika ist es, Ingenieuren und Ingenieurstudenten, Naturwissenschaftlern und allen, die in der Ausbildung oder aus allgemeinem Interesse mit den unterschiedlichen Technikbereichen in Berührung kommen, mühelosen Zugang zu einem enormen Wissensschatz zu ermöglichen:

Das Lexikon Informatik und Kommunikationstechnik zeigt die rasante Entwicklung durch die Fortschritte im Bereich der Elektronik und Mikroelektronik auf.

Lexikon Informatik und Kommunikationstechnik

Hrsg. von Fritz Krückeberg und Otto Spaniol
693 Seiten, 454 Bilder, 35 Tab.
24,0 x 16,8 cm. Gb. DM 168,–
ISBN 3-18-400894-0

Der Inhalt

Über 2 000 Stichwörter bzw. Stichwortartikel sind durch zahlreiche Funktionszeichnungen, Bilder und Tabellen ergänzt, die ein einfaches Verständnis der Texte gewährleisten. Bis zum letztmöglichen Augenblick wurden noch Stichworte aus Gebieten mit einer regen Forschungsaktivität ergänzt und teilweise aktualisiert. Das ausgefeilte Verweissystem sowie die Hinweise auf vertiefende Literatur geben dem Leser die Möglichkeit, seine Kenntnisse zu erweitern und zu vertiefen.

Die Herausgeber

Prof. Dr. Fritz Krückeberg studierte Mathematik und Physik an der Universität Göttingen. Ab 1957 war er als Industriemathematiker in der BASF, Ludwigshafen und danach a der IBM 704 in Paris tätig. 1961 promovierte er an der Universität Bonn 1967 habilitierte er. 1969 wurde e ord. Professor an der Universität Bonn. Seit 1968 ist er in leitenden Funktionen tätig, derzeit als geschäftsführender Leiter des Forschungsinstituts für Methodische Grundlagen der GMD. 1986/87 ur 1988/89 war er Präsident der Gese schaft für Informatik. Von ihm gibt es zahlreiche Veröffentlichungen zu den Themen Informatik und Computernumerik.

Prof.-Dr. Otto Spaniol ist Inhaber de Lehrstuhls für Informatik an der RWTH Aachen seit 1984. Er studierte Mathematik und Physik an der Universität in Saarbrücken an der er als wissenschaftlicher Assistent und Assistenzprofessor bis 1967 arbeitete. Von 1976 bis 1981 war er als Professor für Informatik an der Universität Bonn, von 1981 bis 1984 ar der Universität in Frankfurt tätig. Als deutscher Delegierter ist er für „Data Communication" in verschiedenen internationalen Gremien. Außerdem hat er den Vorsitz des Fachausschusses Informatik der Deutschen Forschungsgemeinschaft.

Die Autoren

95 hervorragende Fachleute aus Forschung, Lehre und Praxis haben ihr Wissen in dieses Lexikon eingebracht, sowohl in wissenschaftlichen präzisen Definitionen als auch in fundierten, vertiefenden Abhandlungen. Ein Wissensschatz, der in dieser Form vorbildlich ist.

VDI VERLAG

Postfach 10 10 54, 40001 Düsseldorf

Ausführliche Informationen über die weiteren Fachlexika erhalten Sie über Ihre Buchhandlung oder den VDI-Verlag Frau Rita Hirlehei-Mohr, Telefon 0211/61 88-126